適切な賠償額を勝ち取る

交通事故案件対応のベストプラクティス

〔編集代表〕弁護士法人サリュ　弁護士　**平岡将人**

〔編　著〕　弁護士　　　弁護士　　　　リーガルスタッフ
　　　　　西村学／都築絢一／上野宏樹

中央経済社

はじめに

　交通事故は，現代社会が抱える大きな闇の１つである。とりわけ，これによる不利益の多くは，事故に遭われた被害者に集中し，ときに取り返しのつかない事態が生じてしまう。この点については，平成22年に，我々弁護士法人サリュに所属する谷清司が『ブラック・トライアングル』（幻冬舎メディアコンサルティング）を，平成27年には平岡将人が『虚像のトライアングル』（同）を，それぞれ上梓し，世に警鐘を鳴らしてきたところである。

　他方，交通事故発生件数は，平成22年は約72万件であったが，令和元年（平成31年含む）には約38万件と，自動車性能の向上などにより年々減少傾向にあり，事故に遭われる被害者の方が少なくなってきている。このこと自体は何よりである。もっとも，ここ数年，交通事故の発生件数は減少しているのに，交通事故に基づく損害賠償請求訴訟は，平成22年は約２万件であったものが，平成29年には約３万9,000件となり，増加傾向にある。これは，損害保険会社が提供する弁護士費用補償特約と呼ばれる権利保護保険の流通が影響している。つまり，弁護士費用の負担から弁護士に依頼することができなかった被害者が，弁護士費用補償特約を活用することにより，今まで弁護士に依頼できなかったような少額案件でも弁護士に依頼して交通事故事件を解決することができるようになったのである。これが交通事故事件訴訟の件数を増大させることになった主たる所以である。しかし，この事実は裏を返せば，今までいかに多くの被害者が弁護士に頼むことすらできずに交通事故賠償の闇に翻弄され泣き寝入りを余儀なくされてきたかということを如実に物語っている。

　我々弁護士法人サリュも，１人でも多くの被害者が泣き寝入りせぬようにという思いから，日々戦い続けているところではあるが，我々が実際に事件を受任し，それを解決する数にも限りがある。そこで，弁護士法人サリュが長年にわたって培ってきた交通事故事件実務の知識，経験等のノウハウをより広く知っていただき，少しでも多くの被害者の方がいち早く普段の平穏な生活を取

り戻していただきたいという思いから本書を刊行させていただいた次第である。

　世に交通事故事件のノウハウ本は多く出回っているところではあるが，本書では弁護士法人サリュの知識，経験等を実務に即した形でより広く知っていただきたいという上記趣旨から，特に交通事故事件を今まで手掛けてきたことがない多くの弁護士（多くの若手弁護士がそうであると思われる）の方々でも，本書を一読すれば，要所を押さえた弁護活動が可能となるような構成，内容にさせていただいたつもりである。

　交通事故事件がどのような流れをたどって解決されていくのか，まさに受任段階から，訴訟等の終局的な解決に至るまで，できるだけ具体的にイメージしていただけるように努めた。また，特に焦点を当てたのは，交通事故の傷病で圧倒的に多い神経症状，いわゆるむち打ちを中心とした諸問題（特に後遺障害）についてである。実務的観点を中心とした内容となっている。

　さらに，実際に損害賠償請求をするにあたって損害額を算定する際の特殊な項目や保険の種類について言及させていただいている。

　本書は，先に上程した『ブラック・トライアングル』や『虚像のトライアングル』の精神を前提にしつつ（興味のある方は，ぜひお読みいただきたい），トライアングルシリーズでは十分に伝えることができなかった実務に即した知識，解決手法を記載した実践編である。交通事故事件に遭うことそれ自体は大変な不幸ではあるが，その解決の過程においてさらなる不幸に見舞われることがあってはならない。本書がその一助になれば幸いである。

　令和2年8月

弁護士　**西村　学**

目　次

はじめに

コラム目次

凡　例

　この本において，法令等を引用するときには次の略称を用いる。

法令等	略称
自動車損害賠償保障法	自賠法
自動車損害賠償保障法施行令	自賠法施行令
道路交通法	道交法
加害者付保の対人賠償保険会社	対人社
加害者が加入する自賠責保険（共済）	自賠責保険
労働者災害補償保険	労災保険
被害者付保の人身傷害保険会社	人傷社

第 1 章

交通事故事件の流れ
〜頚椎捻挫・腰椎捻挫に焦点を当てて

0　はじめに

(1)　本書のコンセプト

「どのような本にしたいか」

　まず，これを執筆メンバーで話し合った。そこで出た意見は，「面白い本にしたい」，「超実践的な本にしたい」，また，ある後輩はこんなことを言った。「赤い本に書いてあるようなことは書きたくないです」好き勝手なことを言うものである。しかし，これが我々サリュの文化である。したがって，これらの意見すべての実現に挑戦することとした。そうしてでき上がった本書は，超実践的であるがゆえに読んでいて面白い，そんな本に仕上がっているだろうか。その評価は，読者に委ね，忌憚のないご意見をお待ちするほかない。なお，これも宣言どおり，本書は基本的に赤い本に書いていることについては前提知識と位置づけ，記述を省略している。

(2)　14級へのフォーカス

　交通事故事件に取り組もうとする読者にとって超実践的な情報とは何であろうか。それは，すぐに使える情報であり，なおかつ使用頻度の高い情報であろう。そこで，本書は，交通事故外傷後の後遺障害として圧倒的な割合を占める14級9号に焦点を合わせた。また，14級9号の延長として，12級13号についても可能な限り記述したつもりである。

　ここで，「14級9号に該当する後遺障害とは何か」について導入的に触れてみたい。自賠法施行令別表第二によると，14級9号に該当する後遺障害とは，「局部に神経症状を残すもの」ということである。「局部」とは，身体の特定の一部のことである。「神経症状」とは，平たく言えば，「痛い」ということである（本書が臨床医学の専門書でないことを重々ご理解いただきたい）。そうす

ると，体のどこかが痛ければ14級9号が獲得できる，ということになりそうである。お察しのとおり，そんなはずはない。**自賠責保険**制度は，独自の経験則を前提としたルールを持っており，そのルールに従って14級9号該当性を判断しているのである。

　では，独自の経験則とは何かであるが，これは言うまでもなく自賠責保険制度が成立した昭和30年から今日に至るまでに蓄積したビッグデータに基づくものであろう。彼らは，そのビッグデータをもとに，ある基準を策定しているのは疑いようのない事実である。ただし，その基準は今日に至るまで公表されてはいない。

　そこで，我々は，ビッグデータによる応戦を展開している。我々は，10年以上試行錯誤を重ねながら交通事故事件に取り組んできた。その間の取扱件数は，自賠責保険のそれと比べてしまえば微々たるものかもしれない。しかし，自賠責保険の運用ルールを帰納的に解明するには十分な件数をこなしてきたという自負がある。このようにして徐々に明らかになった自賠責ルールについて，解説していきたいと思う。

⑶　14級9号の特殊性

　交通事故外傷後の後遺障害として最も多いものが14級9号であると述べたが，実は，最も特殊な扱いがなされている後遺障害等級であると考える。最も数が多いものが例外扱いされるという，不自然な逆転現象が起きているのである。その最たるものが，むち打ち症などの後遺障害における，労働能力喪失期間の制限（5年）であろう。このような特殊な後遺障害である14級9号について詳細に検討し，それに応じた相談や交渉の術も実践的に解説していく。

総論 1

■──── 交通事故事件の流れ ────■

1 総 論

　はじめに，交通事故が発生してから解決までの流れを，被害者の立場から順を追って説明していきたい。この流れは，最も基本的かつ，最も重要な知識で

【図表1】交通事故が発生してから解決までの流れ

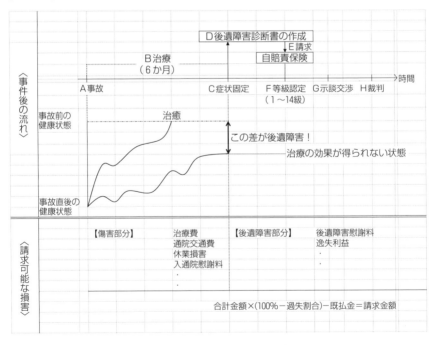

ある。なぜならば，交通事故が，どのようなプロセスをたどって解決に至るのかについての理解があれば，事件の見通し，次にどう動き，何を目指せばよいかを理解することができるからである。

　全体の流れを【図表1】にて示した。それぞれの段階で，交通事故被害者の不安や関心がどの点にあり，それぞれのポイントでどのような情報を知りたがっているのかを具体的にイメージしながら読み進めてほしい。

2 　（A）事故の発生

　交通事故事件は，事故の発生（A）からすべてが始まる。

　民事賠償を受任する弁護士が，事故直後から事件に関与するケースは実際にはほとんどないと思われるので，簡単に述べておきたい。

　交通事故が起きたら，運転者は，負傷者の救護や第三者の被害を防止するために必要な現場処置を行った上で，事故の事実を警察に届け出なければならない（道交法72条1項）。物損事故や自損事故であっても，届出は必須である。稀に，加害者から警察への届出をせずに済ませようという提案をされることもあるが，絶対に応じてはいけない。届出は「運転者」の義務であることに加えて，届出がされないと，交通事故証明書が作成されず加害者との賠償交渉が困難になったり，後遺障害の認定で不利になるなど適切な賠償を請求できなくなったりして，被害者が多大な不利益を受けるからである。

　交通事故と一口に言っても，事故の類型・態様（何と何との事故か，どのような事故か）によって，被害者がとりうる対応は大きく異なってくる。我々は，多数の交通事故の相談を受けているが，圧倒的に多いのが四輪車×四輪車の組み合わせである。玉突き事故など，3当事者以上の類型も多い。次に，四輪車×バイクおよび四輪車×歩行者の類型が続くが，稀に，四輪車×動物（いきなり飛び出してきた犬をはねてしまった，など）といった相談もある。最近では，加害者が自転車であるケースも増えてきた。

　事故類型の分析において重要なのが，当事者がいかなる保険（共済）に加入

しているかである。特に，加害者の任意保険（共済）加入の有無・内容は，実質的な被害者救済の観点から非常に重要である。自賠責保険が使えるか否か，任意保険（共済）に加入しているか否か，加入しているとして示談交渉サービスが使えるか否かによって，解決に至るまでのプロセスが大きく変わってくるからである[1]。事故発生直後の段階で相談を受けた弁護士としては，その時点で判明している客観的な情報から，どのような賠償のプロセスに乗せることができるかを見極めてアドバイスしなければならない。

　当然，事故態様（どのように事故が起きたか）によってもプロセスは変わってくる。交通事故当事者の責任割合を定めるにあたっては，東京地裁民事交通訴訟研究会編『民事交通訴訟における過失相殺率の認定基準全訂五版』（別冊判例タイムズ38号）（以下，単に「判例タイムズ」という）が裁判・調停においても，裁判上・裁判外問わず広く用いられている。判例タイムズを参照する際には，目次から当該事故の事故類型・態様と合致するものを丁寧に見つけることと，有利な修正要素を主張する側に立証責任があることを押さえておいてほしい[2]。

　被害者にも一定程度の過失があることが予想される場合，損害から過失相殺がされることを念頭に事件方針を依頼者と決めていかなくてはならない。治療費の負担はどうするのか。他の保険で賄えるのか。そういったことまで考えなくてはならない。また，非接触事故などで事故原因や受傷機転に争いがあったりすると，対人社は治療費や休業損害の対応を拒否することがある。被害者側の弁護士としては，今後起きうることを予測しながら，適切に依頼者にアドバイスをし，事件を進めていくことになる。

1　原動機付自転車を含め，すべての自動車（一部の小型特殊自動車を除く）について，自賠責保険への加入が義務づけられている。車やバイクの任意保険（共済）の場合，たいていは示談交渉サービスが付帯しており，保険会社（共済）の担当者が窓口になる。また，自転車について，たとえば神奈川県では，令和元年10月1日から自転車保険（共済）への加入が義務化された。個人賠償責任保険は火災保険やクレジットカードなどさまざまなものに付帯していることがあるので，確認してほしい。

2　判例タイムズに合致する類型がない場合，自動車保険ジャーナルなども参考になる。また，自転車事故の過失割合については，赤い本講演録が参考になる。

3　（B）治療

　交通事故により受傷した被害者は，病院に通院して，治療を受ける。この治療期間（A事故発生からC症状固定までを治療期間と呼ぶ）は，従来，弁護士が被害者のサポートを十分にできていなかった期間であると我々は考えている。

　被害者からすれば，痛みに苦しみ，今までどおりの仕事や趣味ができなくなることに苦しみ，治るかどうかも含めて将来の不安に苦しむ，もっとも肉体的にも精神的にもつらい時期である。

　賠償の側面から見ても，治療期間中というのは，障害が残存した場合に備えた準備をしなくてはならない時期であり，賠償の準備期間といえる時期である。

　したがって，我々は，治療期間中の被害者こそ，弁護士のサポートが必要な期間であると考えている。

　事故が発生すると，直後に救急搬送される被害者もいれば，しばらく経ってから（数日程度）症状が出て通院する被害者もいる。本書のメインテーマとしたむち打ち症等の神経症状の場合，経験的には事故直後から翌日，翌々日くらいまでに症状が現れ，事故から1～2週間の急性期を脱した後，リハビリを開始することが多いとの印象である。

　リハビリの頻度は被害者の仕事の都合や家庭の事情などでさまざまだが，医療機関からは週2，3回以上のペースで案内されることが多いようである。

　強いむち打ち症の場合，診察が月1回，リハビリが週2～3回，治療期間の目安としておおよそ6か月が設定されることが多い。

　6か月の治療を終えても症状が残存している場合，**症状固定**として後遺障害の申請をするかどうかを考えることになる。

　治療を受ける際に重要なのは，受傷後，できるだけ早く医師の診断（初診）を受けることである。事故から何週間も経ってからの受診だと，自賠責保険が事故との因果関係を否定するリスクが高まるからである。自賠責保険が因果関係を否定した場合，対人社も治療費の対応をしないのが通常である。

　また，治療は，医師の診断を受けた当該傷病に対して行われるものであるから，痛みやしびれ等の自覚症状は，部位も含めて正確に伝える必要がある。いつ，どこで，どのような力が加わって受傷したのかという受傷の経緯（これを「受傷機転」という）も，あわせて説明するべきである。

　初診が遅れたことによる不利益の一例を挙げると，被害者が，当初，痛みの強い頚部（首）についてのみ医師に伝え，頚椎捻挫の診断しかされなかったという場合，数週間後に腰の痛みが強くなったため腰の痛みについて治療を受けようとしても，対人社は治療を認めない（治療費を対応しない）ことが多い。

　事故初期の段階で相談を受けた弁護士は，早期に医療機関を受診し，痛みやしびれはその時点で軽微と見られても，余す所なく医師に伝えるようにアドバイスすべきである。特に，被害者が骨折している場合，事故直後は痛みの強い骨折の治療を優先して，捻挫等の痛みを正確に伝えられていないこともあるので，注意してほしい[3]。

　この治療期間中に起きる最大の問題として，対人社から治療費や休業損害の支払を打ち切られることがよくあることである。

　治療費や休業損害は，被害者の身体と生活を守る基本的な賠償であり，これを打ち切られると被害者への影響は深刻となるため，被害者側の弁護士としては，対人社に打ち切られる前から，対応策（依頼者の復職も含めて）を考えておきたい点である。

　そのほか，被害者にも過失があるケースでは，健康保険に切り替えて通院したほうが，被害者の負担が減るケースもあるだろう。

3　診断名に挫傷や打撲しかない場合は，捻挫の確定診断を受けるように働きかけることも重要である。

4　（C）症状固定

　症状固定とは，交通事故において，とても重要な概念である。症状固定前と後で賠償の内容が変わるためである。

　症状固定前に認められる損害，たとえば治療費や休業損害は，症状固定後は認められることはないのが原則である（症状固定後は後遺障害が認められれば，後遺障害に基づく損害賠償が認められる）。

　症状固定とは「医学上一般に承認された治療方法をもってしてもその効果が期待できない状態で，かつ，残存する症状が，自然的経過によって到達する最終の状態に達したとき」をいう。

　大切なのは，治療をしてもこれ以上よくならない状態となった時点が症状固定であり，症状が治っているかどうかは関係ないという点である。交通事故でケガを負わされた以上，治るまで治療費を払ってくれてもよさそうなものであるが，そんなことは残念ながらないのである。症状が残っているかどうかにかかわらず，これ以上治療の効果が見られない状態になればC症状固定と判断されてしまうのだ[4]。

　この治療効果が見られないというのは，見極めが難しいのだが，一般的には，強いむち打ち症であれば6か月程度が基準となるだろう。むち打ちの治療が1年を超えてくると，特段の事情のない限りは治療効果があるとして裁判所に治療費を認めてもらうのは相当厳しいとの印象がある。

　ただし，治療効果に関する判断であるから，基本的には主治医が判断すべきであろう。しかし，主治医の判断にかかわらず，対人社が短期間で症状固定と独自に判断し，治療費の支払を打ち切る事例が多く，また，医師も対人社が打ち切った時期を症状固定時期だと誤解しているケースも多く，症状固定時期を

4　**労災必携**においては，療養の終了と症状の固定を分けて記述しているが，実務上は，療養の終了をもって症状固定と表現することが多い。

めぐる争いはよく起こる。

　症状固定時に，残存症状がほぼない場合には，賠償交渉へ移行し，一定程度の強い残存症状がある場合，後遺障害の認定手続へと移行することになる。

5   (D)～(F) 後遺障害申請

　後遺障害の申請をするためには，症状固定の判断をした医師に，D後遺障害診断書を記載してもらう必要がある。主治医が後遺障害の診断をしたことをもって，ただちに後遺障害の認定がされるものではなく，自賠責保険にE後遺障害の認定申請をし，自賠責保険から委託を受けた損害保険料率算出機構（以下「料率機構」という）より事故態様や治療経過，症状の推移等から総合的な審査を受ける。その結果として，F等級認定がなされる。

　後遺障害申請には，対人社を通じて行う事前認定の方法と，被害者が，直接，料率機構に対して申請する直接請求（自賠法16条請求，被害者請求ともいう）の方法がある。前者のほうが手軽で，結果が出るまでの期間も短いが，申請書類の不備をチェックしたり，意見書を付加したりすることができない。そのため，弁護士が申請の前段階から委任を受けた場合は，原則として，被害者請求の方法によるべきである。被害者請求であっても，申請書類に不備がなければ，2～3カ月程度で結果が出ることが多い。早ければ，1か月程度で結果が返送される[5]。

6   異議申立て

　後遺障害の認定結果に不服がある場合，料率機構に対して異議申立てをすることが可能である。むち打ち症の神経症状を例にとると，①事故態様が重大で，

5　むち打ち症等の神経症状では，ほとんどの場合，自賠法施行令別表第2における12級13号か，14級9号の該当性が問題となる。1カ月程度で返送された場合は，非該当の結果であることが多い。

②自覚症状が当初から一貫し，③MRI画像所見等の客観的な根拠があり，④十分な治療を経ても症状が残存していることなどを記載して，裏づける資料とともに提出することになるだろう。

　最初の申請を事前認定で行った場合，異議申立てまでしてくれる対人社はほとんどない。そのため，被害者が不服を申し立てようとすると，被害者自らが異議申立書を起案し，資料を揃える必要があるが，相当ハードルが高いのが実情である。弁護士が異議申立ての依頼を受けた場合，認定理由を踏まえて，刑事記録や経過診断書，診療報酬明細書等を吟味し，場合によっては主治医と面談した上で，適切な等級を認定するように求めるべきである。

　異議申立ての件数として多いのは，後遺障害非該当の結果に対して，適切な等級（多くは14級9号）に該当することを求めて申し立てるケースである。制度上は再度の異議申立ても可能だが，新たな資料の提出ができないならば結果を変えることは難しい。

7 （G）賠償交渉

　交通事故による損害賠償金額の交渉は，後遺障害の申請をしないのであれば治療の終了後に，申請をするのであれば後遺障害の認定後に行うのが通常のプロセスである。

　ただし，対人社が窓口となっている場合，治療中であっても，治療費対応の延長交渉や，休業損害の支払交渉をすることがある。後遺障害の認定が長引きそうな場合，傷害部分（治療費や休業損害等症状固定前の賠償部分）のみ先行して交渉することも1つの方法である。

　また，子どもの高次脳機能障害など評価が難しい後遺障害について，将来，自賠責保険においてより上位の等級が認定された場合には別途協議することとして，現在の等級を前提に交渉することもある。交通事故による損害賠償交渉は損害が確定する前でも比較的柔軟に行われているので，被害者のために必要だと思われるのであれば，ためらわずにどんどん交渉してほしい。

　損害額の計算が可能になったら，①積極的損害（治療費，交通費など），②消極的損害（休業損害，逸失利益など），③精神的損害（慰謝料）に分けて損害額を算定し，書面化して相手に請求する（【図表2】に賠償積算書の例を挙げた）。請求先は，対人社が窓口になっていれば当該対人社に，窓口でない場合には加害者本人に送付する。

　賠償交渉の段階で，被害者と加害者の双方が賠償金額，内容に合意すると，通常は示談書（「免責証書」と言うことが多い）が取り交わされる。この場合は，賠償金額の支払を確認した後，原本類を依頼者に返却して，事件としては終了となる。

【図表2】損害額計算書（被害者請求をして14級9号が認定された事例）

■■ ■■			
■■ ■■ 様		**損害額計算書**	

事　故　日：R1.9.15　　　生　年　月　日：S53.■.■
症状固定日：R2.4.2　　　　後遺障害等級：14級9号（資料1：認定票）
年　　　　齢：42歳
傷　病　名：頚椎捻挫（資料2：後遺障害診断書）

No.	費　目	金　額	備　考
1	治療費	¥436,700	既払い
2	通院交通費	¥7,250	（資料3：通院交通費明細書） （1）駐車場：¥5,000 （2）通院ガソリン代：¥2,250 往復3km×¥15×50日＝¥2,250
3	休業損害	¥230,640	（資料4：休業損害証明書） （1）事故前3か月間収入：¥1,134,000 （2）事故前3か月間稼働日数：59日 （3）休業日数：12日 （4）計算：¥1,134,000÷59日×12日＝¥230,640
4	通院慰謝料	¥943,333	赤本基準（別表Ⅱ） ・入院日数　　0日 ・通院期間　200日
5	後遺障害逸失利益	¥1,227,413	基礎収入×喪失率×喪失期間 ・基礎収入　¥5,670,000（資料5：源泉票） ・喪失率　5％ ・喪失期間　5年　　　　4.3295
6	後遺障害慰謝料	¥1,100,000	赤本基準　　14級
7	諸雑費	¥2,190	被害者請求画像費用　¥1,650 （資料6：領収書） 被害者請求印鑑証明書　¥540 （資料7：領収書）
	小計	¥3,947,526	
8	過失相殺	0％ ¥3,947,526	追突
	既払い	¥1,186,700	
9	任意保険 自賠責保険	¥436,700 ¥750,000	
	請求額	¥2,760,826	

8　紛争解決手続

　示談交渉が奏功しなかった場合，紛争解決手続を利用することになる。交通事故の紛争解決手段としてはさまざまなものが整備されており，何が争いになるかによって，利用する手続も変わってくる。

　たとえば，対人社との交渉で，単純に慰謝料の金額のみに争いがある場合（裁判基準の何割か，など）であれば，公益財団法人交通事故紛争処理センター（「紛セン」と略すことが多い）が有用であるし，自賠責保険が認めた後遺障害の等級に争いがある場合は，**一般財団法人自賠責保険・共済紛争処理機構**（こちらは「紛処理」と略すことが多い）の利用が可能である。

　他方，争点が複雑で裁判外での解決が難しい場合には，最初から裁判手続を選択することになる。

　裁判外で争いが解決されなかった場合，裁判所が関与する紛争解決の方法としては調停と訴訟の2つがある。調停のほうが手続は簡単で，手続費用も安いが，交通事故では裁判外の紛争解決手続が充実していることから，被害者側の代理人として調停を選択すべき場合は限定的であるように思う。一方で，対人社から被害者に対して債務額確定のための調停を起こされることも稀にある。裁判は最後の手段であるが，過失割合に激しい対立があったり，人身傷害保険との損益相殺が問題になったりする場合など，裁判が避けられない場合もある。事案の性質によっては，安易に和解せず判決を獲得する姿勢も重要である。

総論 2

■———— 頚椎捻挫・腰椎捻挫の基本的知識 ————■

　交通事故事件を受任すると，段階や状況に応じて弁護士のサポートが開始される。

　以下，頚椎捻挫・腰椎捻挫を例に，治療期間中の諸問題，症状固定，後遺障害手続，賠償交渉と交通事故事件の流れに沿って解説をしていく。

　その前に，交通事故損害賠償は，法学と医学が交錯する分野であるから，交通事故事件を扱う際にも，最低限の医学知識は必要である。

　診断書にも頻出するものであり，保険会社とわたり合うためにも，ぜひとも押さえておいてほしい。

　まずは，頚椎・腰椎の構造について見ていこう。

1　脊　柱

　頭蓋骨から，お尻の骨（仙骨）まで首から腰などを通る骨を『脊柱』という。脊柱は，椎体と呼ばれる骨が，さながらだるまおとしのように構成されている。脊柱のうち，首の部分を頚椎と呼び，7つの椎体があり，上からC 1 〜C 7 （しーいち，しーなな）と呼ぶ。頚椎の下には胸椎で，12の椎体がある。上からTh 1 からTh12（てぃーえいちいち，てぃーえいちじゅうに）と呼ぶ。胸椎の下には腰椎があり，椎体は5つある。上からL 1 からL 5 （えるいち，えるご）と呼ぶ。腰椎の下には仙骨があり，これはSと呼ばれる（S 1 は「えすいち」）。その下にはさらに尾骨がある（【図表 3】参照）。

　たとえば，診断書でC 6 とあったら，頚椎 6 番の椎体を意味する。

【図表3】椎体，脊髄，神経根

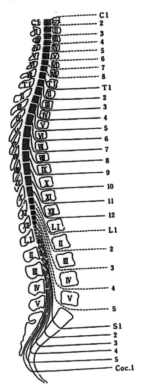

(出所)　『目でみる脳―その構造と機能』（東京大学出版会，1969年）

2　中枢神経と末梢神経

(1)　中枢神経

　脳から体の各所に神経が伸びて，脳の指令を伝えていることは知っているだろう。脳の指令は，神経を通り各所に伝達されるのである。脳からは脊髄（神経）が伸び，この脊髄は，脊柱管（背骨として認識しているもの）と呼ばれる管の

中を伸びている。人体の司令塔たる脳と，脳から直接伸びる脊髄神経を，中枢神経と呼ぶ。

(2)　末梢神経

　脊髄からは，さらに体の各所に神経が分岐する。脊髄から分岐したものを神経根と呼び，Ｃ1神経根からＳ5神経根と名づけられている。

　神経根は，脊柱から体内に出た後，さらに細かく分かれていく。これら神経根以下の神経は末梢神経と呼ばれる。

　たとえば，頚髄から分岐した神経は，脊椎の間にある椎間孔と呼ばれる隙間から体内各所に伸びていく。神経が，どの脊椎の間から体内各所に出ていくかによって，神経の呼び名が決まっている。Ｃ4／5の椎体間の椎間孔から出た神経根は，Ｃ5神経，Ｃ6／7の椎体の間の神経根は，Ｃ7神経といった具合である。

　分岐した神経には，それぞれ体の担当部位があり（これを神経の支配領域と呼ぶ），症状の出た部位によって，どの神経が損傷しているかがおおむね把握できる関係にある（たとえば，【図表4】デルマトーム参照）。

【図表4】デルマトーム

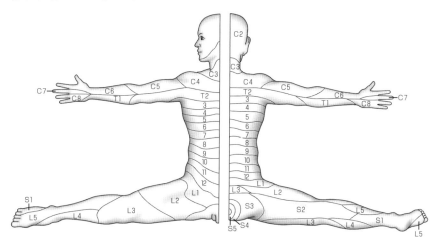

この支配領域は，特に後遺障害等級12級13号を検討する上でキーとなる知識である。

3 椎間板

椎体と椎体の間には，軟部組織である椎間板がクッションとして存在している。

本来，この椎間板はきれいに椎体と椎体の間にあるが，加齢や外傷によって椎間板がそこから飛び出してしまうことがある。これによって，椎間板が脊髄から分岐した神経を圧迫するなどして，痛みやしびれを引き起こすことがある。圧迫の程度がひどいものをヘルニアという。

ところで，外傷で椎間板が飛び出して突出してしまう外傷性ヘルニアについては，ヘルニアが生じるような外傷であれば相当強い衝撃だと言われているため，外傷の程度に注意が必要である。

なお，「Ｃ6／7椎間板膨隆」という記載は，頸椎6番の椎体と7番の椎体の間の椎間板が膨隆している，という意味である。

総論 3

■────── 診断書等の重要資料 ──────■

　診断書等の重要資料についても，今後説明していくにあたり，共有しておきたい。これらも基本知識となるので，正確な知識を押さえてほしい。

1　自賠責保険

　むち打ちを受傷し，通院して治療を継続したものの症状が残存してしまった場合，後述する書類等を作成，収集して加害者加入の**自賠責保険**に後遺障害認定申請手続を行い，等級を獲得した上で示談交渉に進むことになる。この申請手続には対人社が行う事前認定と，被害者自ら行う被害者請求（自賠法16条請求）という方法がある。

　前者は，賠償を行う対人社主導の手続であって，申請時に被害者に有利な資料を提出しないようなケースが想定できるため，本書では，後者を行うことを前提に解説する。

2　重要資料

　直接証明できない症状を浮き彫りにしていくためにさまざまな証拠があるが，特に医師が患者の状況などを記載する以下の3つの資料については深い理解が必須である。以後，たびたび以下の書類が出てくるので，覚えてもらいたい。

(1)　経過診断書

診　断　書

傷病者	住 所	東京都中央区■■－■－■		
	氏 名		男・女　明・大・㊙・平・令53年　■月　■日生	

傷　病　名	治療開始日	治ゆまたは治ゆ見込日
頸椎捻挫	2019年 9月 16日	年 月 日　治ゆ／治ゆ見込
	年 月 日	年 月 日　治ゆ／治ゆ見込
	年 月 日	年 月 日　治ゆ／治ゆ見込
	年 月 日	年 月 日　治ゆ／治ゆ見込
	年 月 日	年 月 日　治ゆ／治ゆ見込

病状の経過・治療の内容および今後の見通し　　　　　　　（受傷日 2019年 9月 15日）
（手術のある場合は実施日をご記入ください）

交通事故にて受傷、翌日来院。
頸部痛持続により投薬・リハビリ継続したが症状固定により4/2終了。

主たる検査所見

初診時の意識障害	なし・あり（　程度　　　継続時間　　　日　　時間）
既往症および既存傷害	なし・あり（　　　　　　　　　　　　　　）
後遺障害の有無について	なし・あり・未定

入院治療	日間　自 年 月 日・至 年 月 日	（診断日）2020年4月2日
通院治療	200日間（内実日数 50日）自 2019年 9月 16日・至 2020年 4月 2日	治 ゆ　継 続　転 医　中 止　死 亡
ギプス固定期	固定 除去 固定具の種類　自 年 月 日・至 年 月 日（　　）	
付添看護を要した期間	日間　自 年 月 日・至 年 月 日	理由

上記の通り診断いたします。

	所 在 地	東京都中央区■■－■－■	
（作成日）	名 称	■■整形外科	電話03（■■）■■
令和 2年 4月 3日	医師氏名		印

　基本的に，毎月病院が発行している病名や症状などが記載される診断書であ
る。

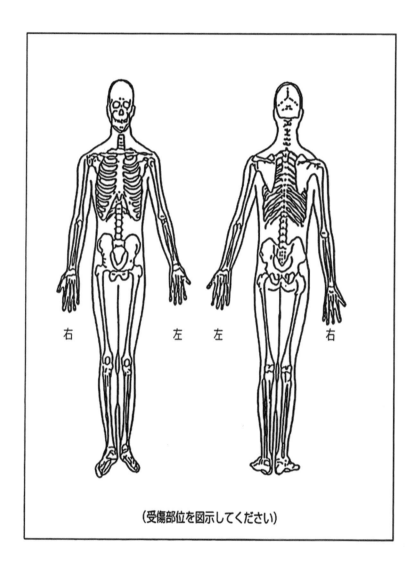

（受傷部位を図示してください）

(2)　診療報酬明細書（レセプト）

病院の診療報酬の根拠として，どのような治療が行われているかが記録されているもので，治療内容を一通り把握できる重要資料である。

診　療　内　容　内　訳　書

(3)　後遺障害診断書

自動車損害賠償責任保険後遺障害診断書

氏　名	■■　■■	（男・女）	■記入にあたってのお願い
生年月日	（昭和）53 年　■月　日（42 歳）		1．この用紙は、自動車損害賠償責任保険における後遺障害認定のためのものです。交通事故に起因した精神・身体障害とその程度について、できるだけ詳しく記入してください。 2．歯牙障害については、歯科後遺障害診断書を使用して下さい。 3．後遺障害の等級は記入しないで下さい。

住　所	東京都中央区■■-■-■		
		職　業	会社員

受傷日時	2019　年　9　月　15　日		症状固定日	2020　年　4　月　2　日

当院 入院期間	自　　年　月　日 至　　年　月　日（　）日間	当院 通院期間	自　2019　年　9　月　16　日 至　2020　年　4　月　2　日　実治療日数（　50　）日

傷病名	頸椎捻挫	既存障害	今回事故以前の精神・身体障害：有・無 （部位・症状・程度） なし

自覚症状	頸部痛　天気が悪いと特に痛い

各部位の後遺障害の内容　〔各部位の障害について、該当項目や有・無に○印をつけ①の欄を用いて検査値等を記入してください〕

① 精神・神経の障害および検査結果 他覚症状	知覚・反射・筋力・筋萎縮など神経学的所見や知能テスト・心理テストなど精神機能検査の結果も記入してください。 X-P・CT・EEGなどについても具体的に記入してください。 眼・耳・四肢に機能障害がある場合もこの欄を利用して、原因となる他覚的所見を記入してください。 2019年12月撮影MRI画像上特に所見なし

② 胸腹部臓器・泌尿器・生殖器の障害	各臓器の機能低下の程度と具体的症状を記入して下さい。 生化学検査、血液学的検査などの成績はこの欄に記入するか検査表を添付してください。

③ 眼球・眼瞼の障害	視　力		調節機能		視野	眼瞼の障害
	裸眼	矯正	近点距離・遠点距離	調節力	イ．半盲（1/4半盲を含む）	イ．まぶたの欠損
右			cm	（　）D	ロ．視野狭窄	ロ．まつげはげ
左			cm	（　）D	ハ．暗点	ハ．開瞼・閉瞼障害
眼球運動	注視野障害 （全方向1/2以上の障害）		複視	右 左	イ．正面視 ロ．左右上下視	ニ．視野欠損 （視野表を添付してください）
眼症状の原因となる前眼部・中間透光体・眼底などの他覚的所見を①の欄に記入してください。						（図示してください）

症状固定後に，残存症状を記録する診断書で，後遺障害の基本資料となる超重要資料である。

④聴力と耳介の障害	オージオグラムを添付してください			耳介の欠損	⑤鼻の障害	⑦醜状障害（採皮痕を含む）
	イ.感音性難聴（右・左） ロ.伝音性難聴（右・左） ハ.混合性難聴（右・左）	聴力表示 イ.聴力レベル ロ.聴力損失		イ.耳介の1/2 以上 ロ.耳介の1/2 未満 （右⑦欄に図示してください）	イ.鼻軟骨部の欠損 （右⑦欄に図示してください） ロ.鼻呼吸困難 ハ.嗅覚脱失 ニ.嗅覚減退	イ.外ぼう　1.頭部　2.上肢 ロ.顔面部　3.下肢 ハ.頸部　4.その他

	検査日	6分平均	最高明瞭度	耳鳴	⑥そしゃく・言語の障害	
第1回	年 月 日	右　　dB 左　　dB	dB　　％ dB　　％	聴力へ゛30dB以上の難聴を伴う耳鳴を対象とします	原因と程度（摂食可能な食物、発音不能な語音など）を左面⑦欄に記入してください	
第2回	年 月 日	右　　dB 左　　dB	dB　　％ dB　　％			
第3回	年 月 日	右　　dB 左　　dB	dB　　％ dB　　％	右・左	（図示してください）	

⑧脊柱の障害	圧迫骨折・脱臼（椎弓切除・固定術を含む）の部位 X-Pを添付してください	運動障害	イ.頸椎部　　ロ.胸腰椎部		荷重機能障害	常時コルセット装用の必要性 有・無	⑨体幹骨の変形	イ.鎖骨　ニ.肩甲骨 ロ.胸骨　ホ.骨盤骨 ハ.肋骨 （裸体になってわかる程度） X-Pを添付してください
			前屈　　度 右屈　　度 右回旋　度	後屈　　度 左屈　　度 左回旋　度				

⑩上肢・下肢および手指・足指の障害	短縮	右下肢長　　　　cm 左下肢長　　　　cm	（部位と原因）	長管骨の変形	イ.仮関節（部位）　ロ.変形癒合 X-Pを添付してください

欠損障害	上　肢		下　肢		手　指		足　指	
（離断部位を図示してください）	(右)	(左)	(右)	(左)	(右)	(左)	(右)	(左)

関節機能障害	関節名	運動の種類	他　動		自　動		関節名	運動の種類	他　動		自　動	
（健側患側とも記入してください）（日整会方式により自動他動および）			右	左	右	左			右	左	右	左
			度	度	度	度			度	度	度	度

障害内容の増悪・緩解の見通しなどについて記入してください

症状固定

上記のとおり診断いたします。

診断日　　　2020年4月2日
診断書発行日　2020年4月3日

所在地　東京都中央区■■－■－■
名称　■■整形外科
診療科　整形外科
医師氏名　■■　■■　　　　印

総論 4

■————————— 14級9号の考慮要素 —————————■

　さて，総論の最後の部分，14級9号の考慮要素を見ていきたい。

　頸椎捻挫や腰椎捻挫は，骨折などと異なり，直接的な人体の損傷を画像等で証明できないことがほとんどである。しかも，痛みの程度を客観的に数値化する検査方法も現在は存在しない。痛みやしびれなどの症状は，その存在を直接証明することは困難なのである。

　そのため，我々は，むち打ちか交通事故事件の中でも難しい案件の1つであると位置づけている。

　しかし，症状や損傷の程度を直接証明しうるものがなかったとしても，後遺障害を獲得するためには，客観的な証拠資料によって，依頼者に症状が残存しているといわなくてはならない。

　そこで，我々がやらなくてはならないことは，被害者が事故によって人体を損傷し，強い症状が残存しているということを間接事実から証明していくということ，つまり間接事実の指摘と経験則を使用した事実認定の主張立証である。

　法律家にとってはなじみ深い世界であるから，医学的な情報に尻込みすることなく，堂々と主張してほしい。

　以下説明するのは，この推認の構造で重要だと考える要素である。

　この知識は，後遺障害申請において重要なだけではなく，法律相談における見通し，事件進行中の方針決定，事案分析等すべてにわたっての重要な視点であるので，しっかり学んでほしい。

【むち打ち14級 9号における重要な考慮要素】

①	事故でどのような衝撃が人体に加わったのか
②	どのような症状がいつ発生したのか
③	その症状がどのように推移したのか
④	どのような治療を行っていたのか
⑤	画像や検査結果はどうなのか
⑥	どの程度の期間，どれくらい通院したのか
⑦	どのような症状が残存したのか
⑧	現在は（事故前と異なり）どのような生活を送っているのか

1　事故でどのような衝撃が人体に加わったのか

　事故が重大であれば，人体への衝撃も強く，人体が損傷しやすいということであり，反面事故が軽微であれば，人体に後遺障害が残るほどの損傷は起きないだろうとの経験則を前提とする。

　したがって，指摘すべき事実としては，事故の態様，車両の損傷（修理費等）の程度などである。

　この調査は，加害者付保の対物担当者から修理費の見積書や当事者車両の写真を取り寄せることで行う。どこが損傷していてどこを修理する必要があり，どの程度の損害なのかを調べることで事故の衝撃の大きさや事故態様が把握できる。

　また，人身事故の場合，警察が実況見分をしているので，実況見分調書を取り寄せることで事故態様を把握することができる。

　この視点は，意外と軽視しがちなところであるが，因果の起点としてとても重要な視点である。受任時に，たとえ物損が終了していたとしても，物損資料はしっかりと取り寄せるなど準備をしておきたい。

2　どのような症状がいつ発生したのか

外傷の場合，通常は事故後（数日内）の症状が最も重く，その後時間の経過とともに改善に向かい，どこかで一定となるという医学的経験則を前提とする。

ここで指摘すべき点は，事故後，いつ，どのような症状を訴えて病院へ行き，どのような診断名がついたのかという事実である。

このような経験則に反するような症状の発症である場合，事故に起因するケガではないのではないかとの疑念が生じる。

たとえば，事故後しばらくしてから症状が発生したような場合，事故と関係ない負傷の可能性が考えられる。したがって，事故直後に病院で症状を申告し，治療を開始していることが望ましい。

また，事故態様・損傷態様からは通常想定できない負傷であると考えられる場合にも，事故以外の原因ととらえられてしまうので注意したい。

これら事実を調べるには，経過診断書や診療報酬明細書で事故後いつ病院に行ったのか，どのような傷病について，いつから治療していたかを確認する。

3　その症状がどのように推移したのか

「事故直後が重く，その後よくなるか一定である」という経験則からは，途中で症状が悪化した，一度改善した症状がその後再発した，といった場合は事故以外の原因によるのではないかとの疑いを生じさせることになる。

したがって，事故後，症状が一貫して存在し，外傷による経過と矛盾しない経過をたどり，最終的に症状が残存した，ということが望ましい。

この症状の一貫性をみるには，まずは経過診断書の記載がよい。より詳しく調べるならば，カルテ等医療記録の記載で調べることができる。

4 どのような治療を行っていたのか

　頚椎捻挫や腰椎捻挫は，自然治癒力に委ねる治療方法，つまり，その時々の症状に応じた対症療法を実施されていることがほとんどである。

　したがって，治療内容（対症療法の内容）から，その時々の症状がどのようなものだったのか，読み取ることができる。

　治療内容は，まずは診療報酬明細書によって把握する。

　たとえば，痛み止めの処方を停止した，ということは，痛みがかなり和らいでいることが推認される。逆に，痛み止めの注射を打ち始めたら，痛みが治まらなかったことを推認させる。MRIを事故後しばらく経ってから撮影したということは，痛みが緩和せず，原因把握のために撮影したことが推認できるといったものである。

5 画像や検査結果はどうなのか

　14級9号の認定獲得には，画像上の異常所見や諸検査における異常所見は必ずしも必要ではない。また，異常所見がある場合でも外傷性の異常だという必要はなく，年齢を重ねるにつれて椎間板や椎体に異常が生じた状況を指す経年性変化でも問題はない。ただし，**画像所見や検査結果に異常があると**，それが外傷性か経年性かにかかわらず，あるがままの身体に一定の衝撃が加わって症状が発生したのだと説明しやすくなるので，認定に有利に働くと考えている。また，経験上，一般的に撮影されるレントゲン画像ではなく，MRIまで撮影していることが症状の発生や継続を裏づけることになるので，「MRIの撮影の事実」は重要となる。

　画像の撮影の有無は，診療報酬明細書によって確認でき，画像データは病院に対してCD-Rやフィルムそのものの買取または貸出を依頼することによって入手できる。

　ところで，画像読影は高度な専門的知識が必要であるため，医師の意見を聞いておきたいところである。最も簡単な方法は主治医に質問することであろう。なお，認定手続上は，画像読影に関する主治医の意見は採用されず，料率機構の顧問医の意見がそのまま採用されるものとされている（よく，主治医は所見ありと言っているのに，自賠責保険は認めないということがあるが，これが理由である）。

6　どの程度の期間，どれくらい通院したのか

　自賠責保険は，「痛みなどの症状が強ければ，病院に行くだろう」という経験則を使う。

　病院に行っていないということから，病院に行く必要がなかった，つまり症状がたいしたことでなかったとか，軽快したと推認してくるのである。

　したがって，通院期間が短かったり，頻度が少なかったり，一定期間通院しない時期があったりすると，自賠責保険でいう後遺障害というほどの症状ではなかったと判断されやすくなる。

　通院期間や通院日は，診療報酬明細書に記載されている。

　なお，経験上，通院期間は半年以上，通院頻度は週2日（～3日）以上の長期間・高頻度の通院を要するレベルの症状について後遺障害として認めることが多い。

7　どのような症状が残存したのか

　後遺障害の認定であるから，症状固定日に残存する症状が認定の対象となり，最も重要な情報である。

　基本的には「常時」痛むような症状でなくては後遺障害の対象とはならない。条件付きの症状，たとえば天気が悪いと痛む，長時間歩くとしびれが出る等，そういったものは自賠責保険でいうところの後遺障害ではない。しかし，経験

上，頚部のように日常動かすことが当たり前の部位については，可動時痛でも常時痛とみてもらえることが多い。

具体的な残存症状は，後遺障害診断書の自覚症状欄で確認する。

8 現在は（事故前と異なり）どのような生活を送っているのか

本件事故による残存障害で，どのように生活が変わったのか，という状況である。14級9号に限らず，事故前後の比較というのは因果関係を推認させる事実となる。

現在も痛みのため通院しており，趣味のフットサルやゴルフができなくなった，具体的な家事労働に大変な苦労が伴うようになった等，生活にどのような影響が出た，といった事実である。

当然に多くが自己申告となるので証明力が低いため，客観的な資料があると説得力は増す。

サリュで使用頻度が多いのは，主に異議申立ての場面であるが，症状の残存を推認させるために，症状固定後も痛み緩和のために通院している事実（固定後通院と呼ぶ）を，症状固定後の通院領収書等を提出して証明する手法である。ぜひ参考にしてほしい。

事例で学ぶ座談会

【事例概要】

- 42歳男性。会社員。
- 追突事故。
- 物損修理費40万円。
- 事故翌日に通院，頸椎捻挫の診断名
- 頸部痛の症状が強く，200日間にわたり，50日通院して症状固定。
- 事故から3カ月後にMRI撮影（所見なし）。痛み止めは継続的に処方。
- 後遺障害診断書には，「天気が悪いと特に痛い」との記載。

平岡：さて，冒頭の事例について，後遺障害14級9号の獲得見込みについて分析していきましょう。

　ここでは，基本情報をまとめていますが，まずみなさんならどの事実に着目しますか？

西村：まずは後遺障害の基本となる診断書，後遺障害診断書の記載ですね。ここでは自覚症状に「天気が悪いと特に痛い」と書いてあります。ここは問題ないと考えます。

平岡：後遺障害診断書の記載は，症状固定時の残存症状の証明資料であり，とても重要ですが，どのような記載だとまずいですかね。

西村：もし「天気が悪いと痛い」だったとしたら，おや，と思いますね。天気が悪くなければ痛くないと解釈できます。そうすると，後遺障害の対象である常時痛とは言いがたくなります。

平岡：もしそのような診断書がきたら，どうしますか？

西村：依頼者に，本当にそうなのかまずは確認でしょうね。もし依頼者がいつも痛いけど天気が悪いと特に痛いというのであれば，そのように診断書の訂正を依頼します。

平岡：では，次どうでしょうか。

都築：次は通院期間ですね。やはり後遺障害といえる症状が残存しているならば，半年以上の通院が必要だとされますので，まず注目しました。この事案では200日ですから，そこはクリアしています。

　その上で，通院頻度ですね。大雑把にいえば，3日に1回程度の通院は欲しいところですから，50日ですと通院頻度が少ないかなと思います。

平岡：なるほど。ここは少し心配な点ですね。会社員ですから，仕事をしているとなかなか通院ができなかったのかもしれません。

　次はどうでしょう。症状の推移は。

上野：症状の推移は，事故翌日に通院して診断を受けていますから，ここは大丈夫ですね。

平岡：この初診がいつ，どのような内容かはきちんと確認したいですね。ここは事故から2週間とか空いているとかなりまずいところでした。

上野：はい。そして，その後も継続的に通院し，痛み止めも継続的に処方されているようですから，頸部痛の症状が事故後，症状固定まで一貫して存在したと言ってよいのではないかと考えます。

平岡：経過診断書や診療報酬明細書で，症状の発生とその後の推移，治療内容は必ず確認したいところですね。この事例では一貫性はありそうです。

　さて，残りの事情はどう考えますか？

都築：追突で修理費40万円ですから，軽微事故とはいえませんね。修理見積りなどでどこを修理するのかまで見たいところですし，車種によって修理費も異なってきますが，マイナス事情とまでは考えなくてよいと思いますね。

西村：あとは年齢ですね。42歳ということで，不安要素とはなりません。経験的に若い方は認定されにくいような気がします。みなさんはどうですか。

平岡：そうですね。30代前半の方くらいまでは，私は依頼者に若いので認定されづらいですよ，と伝えるようにしていますね。

上野：MRIも撮影しているようですね。所見はないようですが，これもプラスの事情と考えてよいと思います。

西村：事故から3カ月後ですから，痛みが引かずに精密検査となったのでしょ

うか。これもプラスの事情ですね。

平岡：さて，一通り意見も出ましたので，この依頼者に14級9号が出るかどうか，みなさんの見立てを聞かせてもらいましょう。

　一斉にどうぞ。

全員：（14級9号が）出る。

平岡：はい，ありがとうございます。事情の総合評価をするにあたって，物損は軽微ではない，通院期間は十分，一貫性もある，治療経過も問題ないという点では一致しています。またMRIも撮影しています。通院頻度が少な目という弱点はありますが，ほかの要素との総合評価をした結果，14級9号が認められるはずだ，ということで意見が一致しました。

【まとめ】14級9号の考慮要素～異議申立書の書き方を例に

　以下，異議申立書の書き方を例に，14級9号の考慮要素のまとめをしていきたい。なお，異議申立書の表題や宛先，日付，申立ての趣旨の記載等は省略している。

1　事故態様

　本件は赤信号停車中の追突事故であり，加害車両はノーブレーキで被害車両に追突している。そのため，被害車両の修理費の見積りは40万円に及び，○○にまで損傷が及んでいる。この事故態様からは，被害者の人体に加わった衝撃が強かったことは言うまでもない。

2　治療経過

（1）被害者は，本件事故の翌日に○○病院に通院し，頸部の痛みを訴え，頸椎捻挫と診断されている。

（2）その後，被害者は200日にわたり50日間の通院をし，○年○月○日に症状固定に至っている。

　その間，経過診断書には頚部痛の記載が継続してみられるほか，診療報酬明細書にも痛み止め（薬剤名）が処方されていることが記載されており，継続的に痛みが存在していたことがわかる。

　また，被害者は，事故から3カ月後の〇月〇日に，MRI撮影も行っている。このことは，事故後強い痛みが長引いたために主治医が精密検査をしたことを意味する。

（3）症状固定時の残存症状としては，「頚部痛。天気が悪いと特に痛い」と記載され，頚部痛が残存している。

3　まとめ

　以上のとおり，被害者は事故による強い衝撃を受け，事故翌日から200日間（実通院50日間）治療を継続し，その間一貫して痛みが継続していた。そしてその症状は現在も継続している。

　したがって，被害者に残存した頚部痛の症状は，14級9号に該当するというべきである。

※実際のケースであれば，もう少し診断書等の資料から具体的に記載の引用などをして事実を摘示する。
※もし画像所見や神経学的検査の異常所見があるようならば，「3　検査結果」のような項目を作り，指摘するとよい。
※診断書に表れない症状や生活状況を記載したい場合は適宜項目を追加してもよい。
※症状固定後に自費通院を継続しているのであれば，痛みの残存と継続を表す事実として，固定後通院資料とともに申立書にもその旨記載しておきたい。

各論 1

■────── 交通事故事件の相談受任 ──────■

　我々の業務は，法律相談から始まる。いくら，知識と経験があれども，被害者から依頼を受けることができなければその実力の発揮はできない。相談と受任。これは，弁護士にとって最も重要な業務である。

1　法律相談前の準備

　交通事故事件に限ったことではないが，法律相談とは，依頼者に対するプレゼンの場であり，ただ漫然と法律相談に臨むべきではない。特に近年の交通事故事件分野においては，シビアに相談の質が求められている。我々が交通事故事件分野に参入した当時と比べて，明らかに客の目が肥えているからである。これは，インターネット広告の普及によるところが大きい。交通事故事件に関する情報は世の中に溢れているし，それらの情報に誰もが容易にアクセスできる時代なのだ。したがって，通院半年間の慰謝料が89万円である，14級の後遺症慰謝料が110万円である，あるいは，後遺障害診断書の必要性等，その程度のことは，目の前の相談者はすでに知っていると考えたほうがよいだろう。このような業界を取り巻く状況の中で，交通事故事件を受任するために必要なことは，ただ1つである。他のどの弁護士よりも交通事故事件に詳しくなることである。

　もっとも，交通事故事件一般について誰よりも詳しくなる必要はない。目の前に座っている相談者の交通事故事件について誰よりも詳しくなればよいだけである。そこで，まずは，目の前の交通事故事件について誰よりも詳しく把握し，誰よりも的確な解決策を呈示するために，我々が取り組んでいることを紹

介したい。

(1)　相談カードの作成

　サリュでは，法律相談の予約を受け付ける際に，リーガルスタッフが事故について詳細なヒアリングを行う。そして，その結果を1枚の相談カードにまとめる。この相談カードに記載された情報は，後の打ち合せや調査の出発点となるものであるから，どのような項目を，どの程度詳しく聴取するかが非常に重要となる。まずは，我々が使用している相談カードの各聴取項目を以下に列挙する。

　法律事務所によっては，事前のヒアリングを重視していない事務所もあるだろうが，限られた時間で，充実した法律相談を弁護士と相談者が行うためには事前準備が大事だと我々は考えている。

【図表5】相談カード

<table>
<tr><td colspan="7" style="text-align:center">相　談　カ　ー　ド　　来所・電話</td></tr>
<tr><td colspan="7">弁：　ス：　　利益相反チェック□</td></tr>
<tr><td rowspan="2">相談予約日</td><td colspan="4" rowspan="2">令和　年　月　日（　）：</td><td colspan="2">性　別</td></tr>
<tr><td>年　齢</td><td>歳</td></tr>
<tr><td rowspan="7">相談者</td><td>フリガナ</td><td colspan="3"></td><td colspan="2">紹介者・媒体等</td></tr>
<tr><td>氏名</td><td colspan="3">　　　　　　様</td><td colspan="2"></td></tr>
<tr><td>住所</td><td colspan="5"></td></tr>
<tr><td>TEL</td><td></td><td>FAX</td><td colspan="3"></td></tr>
<tr><td>携帯電話</td><td></td><td>メール</td><td colspan="3"></td></tr>
<tr><td>職業</td><td colspan="5">（収入：　　　　　　　　　　）</td></tr>
<tr><td colspan="2">相談は誰のことですか</td><td colspan="4"></td></tr>
</table>

■事故について　　事故日：　年　　月　　日　　時頃
　　　　　　　　　場　所：
　　　　　　　　　態　様：（相談者）　×　（相手方）

　　　　　　　　　人身切替：
　　　　　　　　　事故時：

■物損：

■傷病について
　傷　病　名：
　通院状況：
　画　　　像：
　症　　　状：
　症状固定：
　等　　　級：

■相手方
　加害者名：
　保険会社：

■既払状況
　治　療　費：
　休業損害：
　通院交通費：

■弁特：　　　　　　人身傷害保険：

■過去の事故歴：
　既往症：

■相談内容：

<table>
<tr><td>受信日</td><td>令和　年　月　日（　）：</td><td>来所予定人数</td><td>　名様</td><td>受付者</td><td></td></tr>
</table>

(2)　調査・法律相談の方針決定

　サリュでは，相談カードの各項目の情報をもとに，法律相談時までに最低限見解を示せるようにしておきたい項目，そして受任した場合にどのように事件を遂行していくかを検討する。以下に列挙する説明を一読していただいた上で，各項目をどの程度詳細に聴取しておくかについて，読者において逆算して判断していただきたい。なお，我々は，法律相談予約時の聴取は30分以内，相談カードの記載量はA4用紙1枚以内，を原則としている。

・過失割合

　聴取した事故態様を，判例タイムズに掲載されている類型に当てはめて，基本過失割合を把握する。基本的に，裁判所も保険会社も，同書の記述を出発点として過失割合を検討していると考えてよい。もっとも，同書は想定されるすべての事故態様を網羅しているわけではないから，場合によっては，裁判例を参考にしつつ，過失論の基本に立ち返り，予見可能性と結果回避可能性の観点から自身の見解を示す必要がある。なお，停車中の追突事故以外は，過失割合について争いになる場合が多い。この過失割合を事後的に争う際には，警察の作成した実況見分調書が有力な証拠となる。そして，この実況見分調書は，原則物件事故扱いのままでは作成されることはない。したがって，相談カードの段階で，「追突事故以外」，「物件事故扱い」，という情報が揃ったのであれば，法律相談時に人身事故への切替えを勧めるべきだろう。

・通院慰謝料

　基本的には，獲得が見込まれる通院慰謝料額は，傷病名と通院期間，この2つの情報から算出することができる。具体的には，公益財団法人日弁連交通事故相談センター東京支部算定基準部会編『民事交通事故訴訟 損害賠償額算定基準』（いわゆる「赤い本」）の慰謝料算定表を用いる。

　もっとも，ここで算出される慰謝料は，あくまで目安である。たとえば，頚椎捻挫で15カ月通院したからといって，上記算定表の15カ月に相当する慰謝料

が必ず認められるわけではない。同算定表は，治療期間の必要性および相当性を有していることを前提としている。この治療期間の必要性と相当性は，受傷の程度によって異なるため，一律に論ずることはできない。

　相談時に，症状固定を迎えている相談者には，そのまま治療期間を当てはめて慰謝料を案内する。治療中の場合，慰謝料がいくらかと聞かれたときは，頸椎捻挫，腰椎捻挫といった○○捻挫系の傷病（レントゲンで異常が確認できない傷病）の場合は6カ月程度，骨折や靭帯損傷等（レントゲンで異常が確認できる傷病）の場合には12カ月程度の通院期間を想定して慰謝料額を案内することになる。

・休業損害

　相談前の段階で重要なことは，具体的な休業損害額を算出することではない。むしろ，治療期間中にどれだけの日数にわたり休業するか未確定な場合がほとんどであるから，具体的金額の提示は控えるべきであろう。

　法律相談で説明すべきことは，相談者の職業に応じた休業損害の算定方法（専業主婦と，会社員と，自営業者では算定方法が違う。そのため，基礎となる立証資料も異なる）や，法的な休業の必要性判断は思っているよりも厳しいという事実である。

　特に，法律相談の段階では，後者についてしっかりと注意喚起をしたいところだ。相談者にとって最も不利益なことは，支払われると信じて当てにしていた休業損害が支払われず，生計維持が困難になることである。場合によっては，破産に至るケースもあるのだ。このような事態を避けるために，弁護士としては，休業損害の支払を過度に当てにするのではなく，就労への復帰可能性や代替的な稼得手段の模索を助言することも必要である。同様の観点から，相談カードの段階で，就労中ないしは通勤中の事故であることが判明している場合は，労災保険の受給も検討すべきである。

・後遺障害に関連する賠償費目

　ここで調査・検討しておくべきことは，想定される後遺障害等級，後遺症慰謝料および逸失利益の3つである。

　交通事故の損害賠償費目の中で，後遺障害に関する損害賠償は，賠償総額に占める割合が高い費目である。それゆえに，相談時に概算として獲得見込額を伝える場合においても，特に慎重になるべきであり，安易に後遺障害認定の期待を抱かせるべきではない点は注意したい。

2　法律相談

　主に弁護士を読者対象とする本書で今さら説明することではないが，我々と依頼者の間で締結する委任契約は，当事者間の信頼関係に基礎を置く契約である。法律相談の時間内に信頼関係を構築できれば受任に至り，構築できなければ受任には至らない。シンプルなことである。

　読者の多くは，すでに他分野の事件で数多くの法律相談を経験しているであろうから，以下の記述は，あくまで，相談者との信頼関係構築のためのスパイスとして用いていただければ幸いである。

(1)　準備したことに縛られない

　散々事前準備の重要性を説いたが，事件は生ものであるということを忘れてはならない。特に，交通事故事件は，“足の早い”生ものである。相談予約時から刻一刻と相談者の置かれた状況は変化している。そして，それに伴って，相談者の心情も変化している。価値ある法的助言をするために必要な最後の情報は，法律相談時に得られると言っても過言ではない。法律相談予約時には言えなかった感情が，法律相談時に溢れてくる相談者も多い。入念に準備をしたときこそ，そのような心情変化を見落としがちになる。

　ある女性が自動車を運転中に交通事故に遭い，自身と同乗していたわが子がケガを負ったとしよう。その女性は，自身のケガ自体は軽かったが，わが子にケガを負わせてしまったことに責任を感じ，心に深い傷を負っていた。

　もしも，この女性の法律相談で，詳細に損害論を語り，損害賠償の獲得見込額を力説するのみだとしたらどうだろうか。はたして，この母親は，子どもの

損害をより高く主張し，多額の賠償金を獲得してくれる弁護士を探しているのだろうか。もちろん，その側面はあることは否定できないが，この母親が本当に必要としているのは，自身の過失割合を1％でも低くしてくれる弁護士，つまり，わが子にケガを負わせてしまった自分の責任を少しでも軽くしたい心情を理解し，無過失を勝ち取ることを諦めない，そういう弁護士ではないだろうか。

(2)　安易な予測を述べない

　先述したとおり，交通事故事件は"足の早い"生ものである。これは，交通事故事件には，受任後にどのように状況が変化するか予測できない側面があるということも意味する。たとえば，人の身体というのは，ときに信じられないほどの回復力をみせる場合がある。当初は，重篤な後遺障害の残存が予想された事案で，結果として完治に至ったという事例は少なくない。これは，よい意味での予測不可能性であるが，そうでない場合もある。確かに症状が残存したにもかかわらず，自賠責保険の運用指針によって後遺障害と認められないこともある。また，裁判例の動向が，相談者に不利に傾いたことで，当初予想していた損害が獲得できない，そういうこともあるのだ。このように考えてみると，交通事故事件分野では，法律相談の時点で確実に言えることなど何もないと言っても過言ではない。このことを十分に認識していれば，相談者に過度な期待を抱かせてしまい，後にトラブルに発展する事態を可能な限り防げるはずである。

＊　＊　＊

　以上，我々が法律相談に臨むに際して留意していることを紹介した。交通事故事件法律相談に窮屈さを感じた読者も多いのではないだろうか。確かに，他の分野に比べて，相談者の被害感情が強い場合が多く，そうであるにもかかわらず，確かな着地点を約束しにくいため，もどかしい思いに苛まれることも多い。しかし，本質的にそのような困難を内包している分野であるからこそ，事件解決時に言葉にできないほどの達成感が得られることも多い。最後に，この

ことを，あるエピソードを紹介し，付け加えておきたい。

　　サリュのある弁護士の話である。

　　あるとき，小さな女の子の交通事故事件を担当した。当時，その弁護士も1年目であり，約束できることといえば，精一杯諦めずに頑張る，そのことだけだった。なんとか事件解決までたどり着いたのだが，はたしてこれが依頼者にとって最善の解決だったのか，そんな思いを拭えなかった。あるとき，その女の子が母親と一緒に事務所にお礼を言いに来た。母親が言うには，娘がどうしてもお礼の品を渡したいと言うのだと。

　　その弁護士が，渡された小さな包みを開けると，1つのあんパンが入っていた。どうしてあんパンを選んだのかと問うと，女の子は，こう答えたそうだ。

　　「先生は，私にとってのアンパンマンだから」

　　交通事故事件被害者は，現行制度および司法の下では，構造的に圧倒的な弱者といってよい。彼らが最後に頼れるのは，法律相談で出会ったあなただけかもしれない。我々弁護士は，顔をちぎって食べさせることもできず，アンパンチみたいな必殺技もない存在であるが，彼らの味方になるべく，どうか，法律相談でその声に耳を傾けていただきたい。

【まとめ】相談時の心構え

その一	準備に手を抜くな。
その一	言葉に出てこない気持ちを見抜け。
その一	「できない」ではなく，可能にする方法とそのリスクを伝えろ。
その一	安易に約束はするな。難しいものは難しいとはっきり言え。
その一	目の前の相談者を，助けられるのはあなただけだ。

①交通事故事件の法律相談

新人弁護士：平岡先生，少しご指導いただきたいのですが。

平岡：はい，どうしましたか？

新人弁護士：先ほど，交通事故事件の法律相談を終えたのですが，相談者の方は，弁護士を入れるべきかどうか，迷われているようでした。私自身は弁護士を入れたほうがよいのではと考えていたのですが，うまく説明できずに，一度お帰りになられました。こういったとき，平岡先生ならどうするのかなと思いまして……。

平岡：なるほど，相談のクロージングの話ですね。
弁護士と契約をすることについての相談者のメリットをどう考えるか，ですね。

新人弁護士：そうですね。まず1つは，交通事故事件では，ご本人が賠償交渉をしますと，慰謝料などが裁判基準より低い基準で算定されることがあります。なので，弁護士が介入すると賠償額が増えると思います。

平岡：そのとおりですね。1つ目はその相談者の経済的な利益があります。弁護士が介入することで，賠償の算定その他依頼者の賠償額の最大化を目指すことができますね。他に何かありますか？

新人弁護士：うーん。たとえば治療中の相談者であれば，万が一にも後遺障害が残ったときを見据えた準備もできますし，治療費が打ち切られたときにどうするか，相談できると思います。

平岡：そうですね。私たちの豊富な経験と知識から，その時の状況に合わせて，依頼者が何をしたらよいか，どう決断すべきかを助言できますね。決断をするというのは，実は大変な作業になりますから，依頼者にとって専門家の助言や後押しというのは，大きな価値ですよね。
ほかに，メリットは思いつきますか？

新人弁護士：……ちょっとすぐに思いつきません。

平岡：私が考える3つ目のメリットは，相手保険会社の対応などを弁護士が代

行できることです。保険会社の担当者とのやりとりに疲れ傷つき，もう保険会社と話したくないとか，そうでなくても仕事が忙しくて保険会社との対応ができないとか，そういう被害者の方もかなりいます。

なので，弁護士との契約メリットは3つ。①賠償額増額につながる経済的側面，②助言や共闘といった心理的支援の側面，③交渉や書面作成の代行的側面ですね。相談者の話を聞きながら，どの側面の弁護士の支援を求めているのか，考えてみたらよいと思います。わかりやすいのは①の経済的側面ですが，②の心理的支援や③の代行的側面に価値を置く方もいますから，そういった支援や代行を求めていないのかというのを考えるとよいのではないでしょうか。

新人弁護士：なるほど……。そう言われると，先ほどの相談で，私は①の経済的側面を中心にしていました。相談者の方は，どうしてよいかわからないが，加害者のいいように終わらせるのは嫌だと仰っていたので，むしろ②の心理的支援の側面をきちっと伝えて，一緒にやっていきましょうという姿勢を見せればよかったですね。ありがとうございました。

各論 2

■───────── 治療期間中の対応 ─────────■

1 治療期間とは

　交通事故によってケガをした被害者は，医療機関に通院し，治療を受け，リハビリをし，薬を処方してもらうことになる。そして，事故後，この治療がいったん区切りになるところまでを治療期間という。

　では，治療期間の区切りはどの時点になるだろうか。

　この区切りには2つあって，1つは治療によってケガが完治した時点，もう1つは症状固定といわれる時点である。

　症状固定とは，治療をしても症状が一進一退を繰り返して，もはや治療自体に効果が見られなくなった時点ということができる。つまり，症状固定とは，その前提として，その時点では未だ症状が残存しているのである。

　症状固定時点で残存した症状は，後遺障害として認定されるかどうかの問題となる。

　以上から，治療期間とは，ケガをして完治するまでの期間か，ケガをして症状固定となるまでの期間をいう。

(1) 治療期間中の損害（傷害分と後遺障害分）

　この治療期間中に発生する損害として，主だったものは治療費，通院交通費，休業損害，慰謝料である。損害賠償実務では，被害者の損害について，治療期間中の損害と症状固定以降の損害に分けて，便宜上，治療期間中の損害を傷害分，症状固定以降の損害を後遺障害分ということがある。

　なお，症状固定以降の損害は，基本的に後遺症慰謝料と逸失利益の2つの費目になるが，これは後遺障害が認定されなければ損害として認定されることはない。

　被害者の中には症状固定以降も自費で治療を継続する人もいる。そこで，後遺障害が認定されれば，症状固定以降の治療費も払ってもらえるのではないかと勘違いする被害者もいるが，後遺障害分の損害に治療費は含まれない（将来治療費が認定されるような後遺障害の場合は別である）。これ以上の治療には「効果がない」と判断されることが症状固定なので，後遺障害が認定されても症状固定以降の治療費が払われることは原則的にない。

⑵　治療期間の目安

　頚椎捻挫やむち打ちにおける治療期間は，事故から3か月から6か月程度が多く，長くとも1年程度であろう。

　対症療法が主であり，一定程度の時間が経過すると，治療効果が表れなくなることが多く，症状固定となってしまうからである。

　なお，治療期間の終了は，治療効果の判断であるから，医師が「完治」や「症状固定」と判断した時期までと考えるべきであり，対人社が治療費の支払をしていた期間ではない。

　この点について，整形外科の医師でも勘違いをしていることがあり，対人社が治療費を打ち切った日をもって症状固定と判断されることがある。

　よくある悩ましい状況としては，対人社が3か月程度で一方的に治療を打ち切ったのだが，被害者には未だ症状が強く残存しており，治療の効果が出ているようなケースであろう。

　健康保険等を利用して自費で通院する選択をするにしても，必ず自費立替分を取り返せるわけではなく，依頼者とよく話をした上で方針を決めなくてはならない場面である。

　治療費打ち切り後に自費通院をする場合，治療費を打ち切られた日ではなく，適切な症状固定日を後遺障害診断書に記載してもらうよう，医師と相談をする

必要がある。

⑶　対人社による治療費打ち切り

　治療期間中の最大の問題は，対人社による治療費の打ち切りである。

①　一括対応

　まず，治療費について，医療機関等に支払う義務を負うのは，治療を受けた被害者というのが原則である。しかし，実際は被害者がいったん立て替えた上で，保険会社に請求するのではなく，対人社が医療機関等から請求を受けて，医療機関等に直接支払うのが通常である。したがって，被害者が医療機関等の窓口で治療費を支払うことは基本的にない。

　このような対人社の対応を実務上「一括対応」という。

　過失割合に争いがある場合や，ケガが今回の事故によるものか疑わしい場合には，対人社は治療費の支払を拒否することがあり，このような場合には一括対応はない。

　したがって，原則どおり被害者が医療機関等の窓口で治療費を支払い，後々損害が確定した段階で他の費目とあわせて交渉していくことになるだろう。

②　治療費打ち切り

　仮に一括対応があったとしても，対人社は，独自の判断で，治療の途中でも治療費の支払を拒否してくることがある。

　これが治療費の打ち切りといわれる問題である。

　対人社は，症状残存の程度にかかわらず，軽微な事故であればあるほど早期に治療費を打ち切ろうとしてくる。

　また，対人社は治療費の負担が大きくなると，自賠責保険への求償の枠である120万円の枠がどんどん埋まっていくので，通常よりも早く治療費を打ち切る傾向がある。

　ただし，治療費打ち切りによって治療をやめてしまった場合，それが事故か

ら半年に満たない時点だと，仮に症状が残ってしまっても自賠責保険において後遺障害の認定に不利に働く。

　治療費を打ち切られた時点で，症状が強く残存していて，事故態様その他の事情からも後遺障害の認定可能性がある場合には，健康保険等を利用して被害者自身が治療費を立て替えてでも通院を継続するかどうかの判断を迫られる。

　ただし，この場合にはリスクとして，治療費の回収ができない場合があることを説明し，依頼者自身の判断で通院続行を決めてもらうべきである。

② 治療期間中の着目点

(1)　事故態様を早急に確認しよう

　事故が大きければ，それだけ人体に加わった衝撃も強く，症状も重篤であろうと考えられる。

　これは，後遺障害の認定にもかかわるが，対人社の治療費打ち切りにもかかわるため，受任後すぐに確認しておきたい事項である。

①　資　　料

　受任後，受任通知を対人社に送付するのだが，この送付書のなかで修理見積りや被害車両および加害車両の写真等の資料を依頼する。この依頼に基づいて送られてきた資料で，車両の修理額や車両の壊れ具合を確認する必要がある。普通乗用車両の場合，修理費用が10万円程度だと損傷状況も軽微に見えるものが多く，症状が残るほどのケガだったとは評価されにくい傾向がある。

②　軽微損の場合

　修理額が低額である，損傷具合が軽微である場合には，後遺障害認定の可能性は低くなってしまうが，それ以前に対人社からの治療費支払が短期で打ち切られてしまうリスクを含む。特に最近は自賠責保険が事故との因果関係を否定

【図表6】受任通知書

保険株式会社

ご担当：　　　　　様

2020年4月10日

〒
東京都中央区

弁護士法人サリュ　銀座事務所
TEL（03）　　　　　　　FAX（03）
　　　　　氏代理人
　　　弁護士　　平岡　将人

受任通知書

拝啓　時下益々ご清栄のこととお慶び申し上げます。
　当職は，■■■■（以下「委任者」といいます。）より，下記に関する損害賠償請求事件を受任いたしました。今後，本件に関する委任者あてのご連絡につきましては，すべて当職までお願いいたします。
　本件事故による損害を確認するため，
　①交通事故証明書
　②診断書，診療報酬明細書，施術資料，調剤資料等の医証
　（以上，原本照合印ご捺印をお願いします）
　③通院交通費資料
　④休業損害証明書
　⑤物損関連資料
　⑥既払額一覧表
等の資料が必要となります。　お手数ではございますが，貴社にて保管しておられます委任者の資料一式を当職あてにご送付ください。
　よろしくお願い申し上げます。
　　　　　　　　　　　　　　　　　　　　　　　　　　　　　　　敬具

　　　　　　記

・事 故 日：令和1年9月15日
・当 事 者：■■■■氏及び■■■■氏

　　　　　　　　　　　　　　　　　　　　　　　　　　　　　　　以上

する判断をする事例も散見されており，そのため，軽微損の事案を受任する場合は，依頼者には治療費打ち切りの可能性が高いことを注意喚起すべきであり，その上で治療の必要性や相当性をどう認めさせるか，あるいは因果関係を認めさせるかが主戦場となる。

(2)　通院計画を考えよう

むち打ち症などの場合，痛みなどの症状も，損傷も客観的に明らかにできないことがほとんどである。そのため，症状を評価するにあたっては，周辺事実が重視されている。

なかでも，「症状（痛みなど）があれば病院に通うはず」であると自賠責保険は考えるため，どの程度の期間，どの医療機関にどの程度通院したのかという治療経過は評価の重要なポイントとなっている。

被害者側の代理人としては，治療期間中の依頼者に対しては，まずは完治を目指してもらうが，万が一にも症状が残存したときに備えて，後遺障害まで見据えた通院指導を行う必要もある。具体的には，

①　事故直後から半年を超えるまで
②　通院ブランクがなく
③　週2回〜3回の頻度で
④　整形外科で

治療を受けることが（後遺障害の認定のためには）望ましい。

依頼者に対しては定期的に通院を案内し，通院状況が要件から外れていないか確認することが重要である。依頼者との関係では，治療中で特にやるべきことがなくても，最低でも月1回程度は，通院状況や症状の確認のため依頼者への連絡は欠かさないようにするべきある。

なお，通院状況に関しては，事後に対人社から取り寄せる診療報酬明細書（レセプト）で，①〜④の要件を充たしているか確認することができる。

①　事故直後からの通院

　まずは，事故直後から病院（救急，整形）に通うことが重要である。事故から通院開始まで1週間程度の時間が空いてしまうと，それだけで後遺障害認定の可能性は低くなる。また，急性期といわれる一番症状が重いはずの受傷直後に通院を開始していないと，それだけで対人社が事故と受傷の因果関係を争い治療費を支払わないこともあるので注意が必要である。もし，依頼者の事故直後の通院状況を調べてみて，事故直後に通院をしていない場合には，合理的な理由があるかどうかは必ず聴取すべきである。

　そして，ただ通院をするだけでなく，きちんと後につながる症状を申告し，病名を付されることも重要である。たとえば，頸部痛が主な残存症状であれば，事故直後は頸部（周辺部も含めてよい）の症状を医師に訴えていてほしい。これが，まったく部位の違う症状しか訴えておらず，事故から相当経過して始めて頸部痛の症状が記録上表れるような場合は，因果関係の危機である。

　このような場合，事故以外の原因から生じたと考えるか，医師には症状を訴えていたのに医師が重視せずに傷病名などに表れていないということが考えられる。

　我々の経験でも，依頼者は最初から痛みを訴えていたと言うが，経過診断書やレセプトでは数週間後から記録に表れるというケースがある。

　このような場合，まずは初診病院のレセプトを精査し，画像撮影の部位を確認すべきである。傷病名に出てこなくても，当該部位の画像撮影をしているケースはよくある。画像撮影をしているということは，痛み等を医師に訴えたために画像を医師が撮影させているということであり，症状を最初から訴えていたことが強く推認できる。

　より確実な方法としては，医療記録（問診表も含む）を取り寄せ，依頼者が自覚症状として何を訴えていたかの調査も行う。

　ただし，時間と費用がかかるので，依頼者と相談した上で行うべきであろう。

②　通院期間のブランク

　1カ月間通院していない期間が継続すると自賠責保険でも「治療中断」と評価され，治療期間そのものが途切れたものと判断されることがあるので注意が必要である。

　仮に治療期間中に2カ月間通院していない期間が継続すると，その前後の通院日数が多くても後遺障害の認定を受けることは困難になる。

③　接骨院や整骨院への通院

　自賠責保険では，整形外科への通院と異なり，接骨院や整骨院への通院は，後遺障害認定の場面では正当に評価されない。

　その是非はさておくとして，自賠責保険では，医師免許を有する医師の治療を評価し，医業類似行為といわれる接骨院や整骨院への通院は，整形外科への通院と同様の評価をしないのである。

　したがって，接骨院や整骨院にばかり通院していても後遺障害の認定はされにくい傾向がある。

　そのため，できる限り整形外科に通院してもらうことが望ましいが，遅くまで開院している，直接身体を触ってもらえる手技による施術で効果を感じやすい等の理由で被害者がどうしても接骨院や整骨院で施術を受けたいということもある。そのような場合には，後遺障害等級認定上のデメリットを伝えた上で，整形外科の医師の許可や同意を得てもらい，それを自賠責様式の診断書か後遺障害診断書に書いてもらうべきである。

　この場合にはあわせて，施術部位が整形外科治療部位と一致しているか確認しておきたい。なぜならば，医師の診断部位と接骨院や整骨院での施術部位が異なる（接骨院や整骨院での施術部位がより増えている）ケースをよく目にするのだが，整形外科の治療部位と異なると，**過剰診療**として対人社が接骨院・整骨院の施術費の支払を拒否することもあるためである。

①依頼者への通院指導・打ち切り後の通院

○依頼者への通院指導

　後遺障害の認定をとるためには，6か月間，週2～3日程度の通院が必要となります。そのため，相談時に通院ペースがそれに満たない場合，どのようにすべきか，悩みが生じます。

　我々は，通院ペースに問題がない場合，痛みがなくなるまではそのペースを守りましょうと言い，その後定期的に確認するようにしています。

　通院ペースに問題がある場合，後遺障害まで考えるような強い症状かどうか，衝撃の強い事故かなどを考慮して，やはり後遺障害を視野に入れるべきと考えたら，通院頻度を増やすように指導します。

　ただし，相談者も本当は病院に行って痛みの緩和措置を取りたい気持ちはあるのですが，仕事の関係でなかなか通院できないというケースも多くあります。そのような場合は，仕事のほうが大事ですが，万が一後遺障害となったときに不利益に働いてしまいますよとアドバイスをします。

　勤務先の近くに転院なども考えてもらう必要があるでしょう。

○打ち切り後の通院

　治療費を，6か月以内で打ち切られたときに，自費通院を勧めるかどうかは判断が難しいところです。

　後遺障害の見込みをきちんと立て，説明することは当然として，自費立替え分を，取り返すことができないことがありうる旨は，しっかりと依頼者に理解してもらわなくてはなりません。

　さらに，健康保険利用の自費通院ですと，病院によっては，自賠責様式の診断書等を作ってくれないということもあります。

　我々は，後遺障害獲得の見通し，依頼者の立替分未回収リスク，そして病院の対応と，さまざまな考慮要素を，依頼者とよく相談します。

　その上で，自費で通院を続行するかどうかを依頼者自身に決めてもらっています。

(3)　症状は一貫していますか？

①　医師への症状の訴え

外傷による症状は，通常は事故後が最も重く，その後時間の経過とともによくなり，いずれ完治か後遺するかの違いはあれども，一定の状態に落ち着くという経緯をたどるものと考えられている。

そのため，依頼者には，通院の都度，症状の部位と程度を医師にしっかり伝えてもらうように案内する必要がある。症状は端的に「首のここが痛い」という伝え方が望ましい。

ア　急性期に症状を訴え忘れると

診断書に症状も傷病名も記載されないので，後から記載されても急性期に症状がないため，事故との因果関係が否定されてしまうおそれがある。

イ　急性期以降に症状を訴え忘れると

症状を訴えないと途中から傷病名の記載がなくなってしまうこともあるので，そこで症状がなくなったもの，すなわち完治したものと判断されてしまう。

②　診断書での傷病名等の確認

受任通知発送後，対人社が毎月医療機関から取り寄せる経過診断書を送ってもらったら，その都度，傷病名が一貫して記載されているか確認する。

ア　確認すべき記載事項

経過診断書が手元に来たら，以下の事項は必ずチェックしたい。医師が記載するもので，なおかつ作成後に手元にくるため，コントロールは困難であるが，よほど依頼者のために不利になるような場合は，修正の依頼，記載の趣旨の確認を行う必要があるだろう。

• **経過診断書の自由記載欄**

治療の効果があるという以上に「治癒見込」などと記載されていると一貫性の評価に不利になる。治療の効果が出ているという程度が無難ではある。

整骨院等に通っている場合は，その旨記載してもらえると後に施術費の争いでは有利となる。

• **転帰欄**

経過診断書右下の「治ゆ・継続・転医・中止・死亡」のうち，治療が継続している場合は「継続」，症状固定時の最後の診断書については「中止」となっていることを確認する。

自賠責における「治ゆ」は，完治を意味する。同じ「治ゆ」でも労災保険では症状固定を意味するため，医師が症状固定の意味で「治ゆ」にチェックすることもある。医師が勘違いをしていることがあるので注意を要する。

• **後遺障害の有無欄**

「無」になっていると主治医が後遺障害の残存を否定しているということで，自賠責保険においても後遺障害が否定されやすくなる。何もチェックしないか，「未定」や「有」にチェックが望ましい。

イ　事後的な診療録取寄せの有効性

被害者が事故直後から症状を訴えていたにもかかわらず，万が一，診断書に傷病名や症状の記載がない場合には，診療録（カルテ）に記載があれば一貫性を補充することができる。このような場合には，病院に依頼してカルテを取り寄せて症状の発生時期や症状の推移を確認する必要がある。

③　診療報酬明細書での通院頻度，治療・検査部位とその内容の確認

受任通知発送後，対人社から診療報酬明細書を送ってもらったら，その都度，①通院頻度，②治療内容が診断書の傷病名と一致しているか，③傷病名と治療内容が一貫しているかを確認する。

④　治療費打ち切り後の一貫性確認・資料取寄せ

　被害者が治療費を打ち切られた後，治療のために，健保・国保利用で自費通院をしている場合，対人社が治療費打ち切り後の診断書等を取り寄せないことがほとんどである。

　治療期間中の診断書は後遺障害の認定をしてもらうための必要書類となっているので，被害者側で取り寄せる必要がある。

　このとき，「交通事故としての治療ではない（自由診療ではないとの趣旨）」ため自賠責書式の作成の協力を拒む病院も実際に存在する。

　病院からすれば，交通事故はさまざまな手間がかかり，時間もとられるので，自由診療でない以上は，通常の治療行為以外に協力する必要はない，と考えたくもなるだろう。しかし，交通被害者の権利実現のために必須であるから，何としてでも病院には協力してほしいところである。

　自由診療から健保治療に切り替える際に，その後の協力（後遺障害診断書や自賠責書式の診断書の作成等）を取り付けておくのが望ましい。

　ア　診断書
　自賠責様式の診断書を病院で作成してもらう。

　イ　診療報酬明細書
　医療機関は，すでに診療報酬明細書を健康保険に対して提出しているため，再度自賠責様式の診療報酬明細書を作成してくれない。この作成提出済のものを取り寄せることになるが，被害者の加入する健康保険の種類で手続は異なる。

・健康保険組合の場合
　各組合に直接問い合わせて診療報酬明細書開示の手続をとる。
・協会けんぽの場合
　診療報酬明細書等開示請求書を本人確認書類，委任状，印鑑証明とあわせて提出する。

・国民健康保険の場合

　各役所の保険課で確認するが，個人情報の開示手続となる。基本的には開示申請書を本人確認書類等とあわせて提出する。

・上記手続が困難である場合

　枚数が多くなり大変だが，医療機関から被害者に領収書とあわせて交付される「診療明細書」を提出する。

　なお，最も簡便な方法は，被害者本人に病院で健康保険診療報酬明細書の写しをもらってもらうことだが，拒否されることも多い。

　ウ　整形外科と並行して接骨院や整骨院にも通院している場合

　通院先の接骨院や整骨院に施術証明書・施術費明細書を作成してもらうが，前述の診断書同様，症状消失の可能性まで含むような改善傾向や緩解見込を記載されることがないように気をつける。

　記載方法としては，残っている症状に対して施術の効果が出ているという程度にとどめてもらうことが無難である。また，ここでも施術部位が整形外科治療部位と一致しているかも確認する。

⑷　画像を確認しよう

　頸椎捻挫などの場合，身体の損傷状況が画像で明らかになるケースは少ない。しかし，診療報酬明細書を確認し，依頼者が画像検査をしている場合には画像読影の結果を確認（経過診断書や後遺障害診断書に画像読影の結果が記載されていることが多い）しておきたい。また，被害者請求のために，画像を取り寄せ（病院からデータとしてもらう）ておくとよい。

　XP（レントゲン）は多くの場合撮影しているが，MRIは骨以外の軟部組織の撮影に特化したもので，設備のない病院もあり，必ず撮影されているものではない。したがって，MRIまで撮影している場合，症状からしてMRIによる精密検査をする必要があったと指摘することができる。

　なお，むち打ち14級9号認定のためには，MRIでの異常所見までは必ずし

も問われない。

①　MRI画像とXP（レントゲン）画像

　下側のXP画像では骨が造影されるが，上側のMRI画像では骨以外に靭帯，筋肉，血液および軟骨といったものも造影される。MRIは磁気を利用するのでXPやCTのような被曝の危険性はない。

【図表7】MRI画像（上）とXP画像（下）

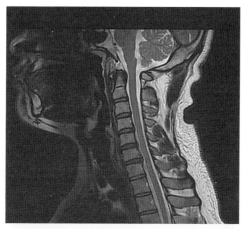

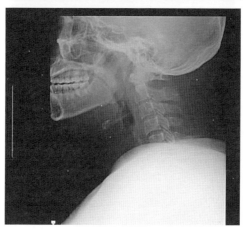

② MRI画像の見方

MRI画像には基本分類としてT1強調画像とT2強調画像というものがある。実際に被害者の撮影した画像CD－ROMを取り寄せて確認するべきだが，基本的にこの2種類はデータで保存されている。T1強調画像では脂肪が白く写り，T2強調画像では主に水（出血）が白く写る。【図表8】はすべてT2強調画像である。

【図表8】T2強調画像（縦の断面・上側，横の断面・下側）

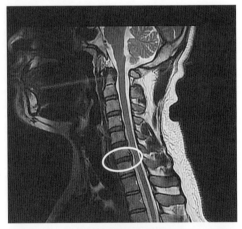
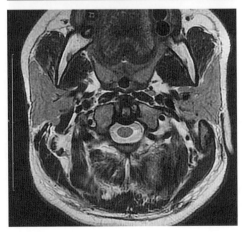

　上側は，T2強調画像の矢状（しじょう）断（縦の断面）と呼ばれる画像で，下側は，T2強調画像の水平断（横の断面）と呼ばれる画像である。

　背骨の首の部分，頸椎は7つの骨（椎骨）でできていて，番号でC1〜C7と呼ばれる。そして，その椎骨と椎骨の間の椎間板等のある場所を指す際に，たとえばC6とC7の間であればC6/7と表記される。上側の矢状断の画像の○部分である。椎間板がやや膨隆しているのがわかる画像である。

　水平断の画像は左右が逆であると覚えておくとよい。画像向かって左が被写体の右側になる。画像上が前，下が後である。上を向いて横たわっている人を，足のほうから見ているイメージで覚えておくとよい。

③　注意点

ア　撮影時期

　MRI撮影費用は比較的高額なので，後遺障害の認定に備え，対人社が治療費を支払っている期間中に，主治医に相談の上，MRI撮影をしておくべきである。

イ　画像収集

　また，事故後に撮影したすべてのXP画像・MRI画像は自賠責保険での後遺障害等級認定（被害者請求）の際に提出する必要資料である。病院で後遺障害診断書の作成を依頼する際に，画像データをCD-Rにコピーして提供してもらう。病院によっては，フィルムの貸出や買取でないと対応してくれないところもあるが，フィルム自体大きくて郵送等が面倒である上に費用もかさむことがある。

　前医の紹介状なく転医しているような場合には，前医で撮影した画像が引き継がれていないことが多いので，症状固定時の病院で画像を撮影したのか，どの画像がどこで保管されているのかを必ず確認するようにする。

【まとめ　治療期間中の弁護士の役割】

- 治療期間中は，その後の損害賠償請求，特に万が一症状が残存してしまった場合の後遺障害申請手続に備える期間である。
- 14級9号の考慮要素を理解した上で,沿っているか,外れているかを随時チェックし，ときには依頼者に指導をすべきである。
- 依頼者には定期的に連絡をし，現在の症状，通院状況，治療内容，治療方針として説明を受けていること，就労状況，休業中の場合は復職の見込みなどを聴取し，状況を把握しておくべきである。
- 復職できるならばしたほうがよいと指導すべきである。できないならば，その旨の医師の意見を書面化しておくのが望ましい。
- 対人社は円滑な治療のパートナーとしての側面もある。定期的に連絡を取り，情報開示をしておくのが基本的には望ましい。

③　治療期間中の休業損害

　治療期間中の問題として，治療費と並ぶ重要な問題が休業損害である。

　事故の影響で仕事ができなくなった依頼者にとって，休業損害の請求というのは，死活問題なのである。

　治療期間中に，休業している場合，一定の手続で保険会社に休業損害を請求することになる。

　世の中にはさまざまな職業の方がいるため，すべての職業について同じ考え方や資料で休業損害を請求できるわけではない。休業日数のカウントの仕方や，日額の計算方法など，職業によって計算する方法はさまざまである。

　したがって，受任の時に，依頼者がどのような類型の職業かは必ず聞くべきであり，その職業に沿った資料，計算方法を用いて休業損害を請求しなくてはならない。

　以下，会社員（給与所得者），主婦（家事従事者），自営業者（事業所得者），会社役員と分けて説明していく。

(1)　会社員（給与所得者）

　請求する際には，休業損害証明書と，同書に添付を求められる事故前年度の源泉徴収票（源泉徴収票が用意できない場合は，賃金台帳の写し，雇用契約書，所得証明書等）が必要である。休業損害証明書がないと休業損害を計算することができないので，勤め先の協力が必須ということである。休業損害証明書のサンプルは【図表9】のとおりである。

　作成された休業損害証明書から休業した日数や日額を読み取って計算をしていくわけだが（欠勤だけでなく有給休暇使用分も休んだ日数としてカウントすることができる），日額については計算をしないといけない。

　休業損害証明書の「事故前3か月間に支給した月例給与（賞与は，除く）は下表のとおり。」欄をみて，支給金額の合計額（社会保険料や所得税を引かれる前の金額）を稼働日数で割ることによって，日額を算出する。

　ここで注意しないといけないことは，対人社のほとんどは支給金額の合計額を90日で割った数字を日額として計算して支払ってくることである。

　対人社としては，3か月＝90日という認識で計算しているが，支給金額の合計額を実稼働日数で割った金額が本来の日額である。

【図表9】休業損害証明書のサンプル

前年度分源泉徴収票をここに貼ってください。
（源泉徴収を実施している事業所は、前年度の源泉徴収票を添付してください。）

休 業 損 害 証 明 書
（下記の必要箇所に記入または該当箇所に○印を付してください。）

給与所得者（パート・アルバイト含む。）

職種役職	社員	氏名	■■■■■■	採用日	平成　21　年　4　月　1　日

1. 上記の者は、自動車事故 により、令和　1　年　9　月　16　日から令和　1　年　11　月　30　日までの期間内仕事を休んだ（遅刻・早退した日を含む）

2. 上記期間の内訳は、
　　欠勤　　　日　年次有給休暇(注)　12　日　遅刻　　　回　早退　　　回
　　(注) 労働基準法第39条に定める使途を限定しない年次有給休暇であって、必要に応じて自由な時期に取得できる休暇

3. 上記について休んだ日は下表のとおり

	1	2	3	4	5	6	7	8	9	10	11	12	13	14	15	16	17	18	19	20	21	22	23	24	25	26	27	28	29	30	31
9 月														×	×	×	○	○			×	×	×		○		×	×	○	×	
10 月	○			×	×				○	○			×	×			○	○		×	×	○	×		○		○	×	×	○	
11 月	×	×	×	×		○			×	×			○	○			×	×		○											

　　(注) 休んだ日（年次有給休暇を含みます）には○印を記入し、勤務先の所定の休日には×印を記入してください。
　　※早退した日には△、遅刻した日には▽を記入しています。

4. 上記休んだ期間の給与は、

　　⑦　全額支給した。

　　イ．全額支給しなかった。

　　ウ．一部　支給　減給　した。その額は、　　　　　　　円

　　内訳 { 本給は　　　月　　　日から　　　月　　　日分まで　　　　　円
　　　　　 付加給は　　　月　　　日から　　　月　　　日分まで　　　　　円

〈計算根拠（式）記入欄〉

　　(注) 支給または減給に○印を付し、その額および計算根拠（式）を記入してください。

5. 事故前3ヵ月間に支給した月例給与（賞与は、除く）は下表のとおり。

	稼働日数	支給金額 本給	支給金額 付加給	社会保険料	所得税	差引支給額
1　年　6　月分	20	378,000	0	79,828	18,170	280,002
年　7　月分	22	378,000	0	79,828	18,170	280,002
年　8　月分	17	378,000	0	79,828	18,170	280,002
計	59	1,134,000	0	239,484	54,510	840,006

　　(注) ①給与所得者の場合、給与の毎月の締切日：　15　日
　　　　　②パート・アルバイトの場合
　　　　　　所定勤務時間：　　　時　　　分〜　　　時　　　分　（1日実働　　　時間　　　分）
　　　　　　給与算定基礎：　ア．月給　　　　円　イ．日給　　　　円　ウ．時給　　　　円

6. 社会保険（労働保険、健康保険等で、公務員共済組合を含む）から傷病手当金・休業補償費の給付を
　　ア．受けた（名称および電話番号は下記のとおり）　　イ．手続中　　㋑　受けない

名　称		電話	

上記のとおりである、ことを証明します。

　　令和　1　年　12　月　15　日

　　所　在　地　■■■■■■　　　　電　話　■■■■■■
　　商号または名称　■■■■■■　　担　当　者　■■■■■■
　　代表者氏名　■■■■■■　㊞　　担当者連絡先　■■■■■■

⑵　主婦（家事従事者）

　家事従事者の休業損害は，治療中に請求することは基本的にはなく，症状固定あるいは完治後の賠償交渉の段階で請求するものである。

　家事労働の休業損害の算定は，賃金センサス女性全年齢平均で算出する。

⑶　自営業者（事業所得者）

　自営業者の基礎収入は，特殊な考え方をする。

　簡単に言うと，売上から経費を差し引いた所得に，固定経費を加算する方式が一般的である。

　自営業者の場合は，確定申告書（必ず収支内訳書も）を依頼者から取り寄せる。事故前年のみならず，事故前数期分，事故後に新たに申告した場合にはそれも取り寄せておくことが望ましい。

　自営業者は特に，休業によって収入が途絶することとなり，生活への影響が高いが，確定申告をしていない場合もあり，治療期間中に対人社と揉めているケースが多い。

　対人社としても，被害者の生活保持のために一定の賠償金の先払いをしているケースは多くみかけるが，対人社は休業損害の支払とは認めず，慰謝料の先払いだと主張してくることも多い。

②自営業者の基礎収入

新人弁護士：平岡先生，交通事故の件で，自営業の方がいるのですが，基礎収入について赤い本を読んでもよくわからないので，教えてくれませんか。

平岡：（笑）赤い本はわかりにくいですよね。基礎収入は休業損害や逸失利益の基礎となる数字であり，賠償に与える影響の大きいものですから，算定を間違うと賠償額にも直接反映されます。なので，しっかりマスターできるといいですね。ところで，自営業者って何かわかりますか？

新人弁護士：自営業者とは，法人格はないが，自らの名と計算で営業をする者です。

平岡：そうですね。では基礎収入の考え方はどうしたらいいでしょう。まず，立証資料は何がありますか？

新人弁護士：確定申告書が基本資料になります。赤い本では，休業損害では「現実の収入減があった場合に認められる。なお，自営業者，自由業者などの休業中の固定費（家賃，従業員給料など）の支出は，事業の維持存続に必要やむを得ないものは損害として認められる」とあります。

平岡：休業損害について，裁判所がどう考えているかというと，君の先輩弁護士がもらった判決（福岡高裁平成28年11月30日判決）がわかりやすいですね。それによると「事業者に係る休業損害の算定方法については，（ア）前年と事故発生年とを比較し，減収額を直接把握する方法（イ）標準的な売り上げのあった一または複数年を平均した1日あたりの基礎収入額に休業日数を乗じることによって間接的に減収額を把握する方法」があると判示されていますね。前者（ア）の減収額を直接把握する方法は，売上減少と事故の関係がはっきりしない場合が多いので立証の袋小路に入ってしまうから，後者（イ）の1日当たりの基礎収入額を算出する方法を使うことが多いのではないでしょうか。

新人弁護士：後者の1日当たりの基礎収入額はどのように算出すればよいのでしょうか。私も算出しようとしたのですが，どうやればよいのかわからなくて……。

平岡：1日当たりを算出する方法，「標準的な売り上げのあった一または複数年を平均した1日あたりの基礎収入額」とは，休業期間における得べかりし利益（消極損害）に加えて，事業の維持・存続のために必要な固定経費（積極損害）も含むとされているよ。赤い本でもそのことは記載してありますね。なぜならば，たとえば家賃のような固定経費は，休業中も必然的に発生するものであるから，休業したことによる損害とは，利益に加えて固定経費を含めなくては十分な損害賠償とならないからですよ。

　たとえば，確定申告書の収支内訳書によると，売上が1,000万円，経費が800万円（うち固定経費が500万円，流動経費が300万円），営業所得が200万円であるケースについて，休業損害の基礎収入を考えてみましょう。

新人弁護士：この場合は，まず所得である200万円に固定経費の500万円を加えた年700万円が基礎収入になるということでしょうか。

平岡：そのとおりです。

新人弁護士：でも，固定経費が何かの判断は実際は難しいです。

平岡：どの費目が固定経費かについては，個別的に判断するほかないですけれども，典型的なものとしては，地代家賃，保険料，減価償却費，公租公課などでしょうね。反対に流動経費として典型的なのは，交通費，広告宣伝費，交際費，燃料費ですかね。

　ただ，判例も一定でないし，何をどの経費項目にするかが業態によってバラバラですし，性質から判断するほかないと思います。流動経費の典型例の広告宣伝費も，屋外広告看板に掲載しているような場合には固定経費の性質をもつでしょうしね。通信費なども典型的な流動経費ですが，毎月の最低支払部分は固定経費となるでしょうね。

新人弁護士：ありがとうございました。

⑷　会社役員

　対人社は，会社役員に対して，休業損害の支払を拒否してくるケースがほとんどである。その理由としては，会社員（給与所得者）の労働契約と異なり，

委任契約であるため，休業したとしても，報酬が減額される関係にないこと，役員は期中に報酬の減額ができないから減収が存在しないことなどである。

しかし，仮にそうだとしても，役員には損害はなくとも，事故で休業している役員に報酬を払っているから，会社に損害が生じていると考えられる。そのため，会社から委任を受けて，休業損害相当分を企業損害として請求するのも選択肢としてありうる。

ある程度の規模の企業の役員であれば，それでもよいが，法人成りしているだけで，1人で切り盛りしている実質自営業のような会社だと，生活に窮することにもなる。

そのような会社の役員については，1人で会社を運営しているのだから，報酬はすべて労務提供としての報酬であること，また売上が減少していること，生活に窮していることなどを訴え，休業損害を請求すべきである。

場合によっては，内払でもよいから依頼者の生活保障を優先すべき場合もあろう。

テーマとはずれるが，役員の逸失利益における基礎収入は，労務対価性がどの程度かで争われることが多い。

この場合，役員の実際の職務の内容（「労働」と評価できる作業をしていることがほとんどである。他企業ならば従業員が担当している社員教育や人事評価，経理関係などを社長が1人で担当していることも多い），賃金台帳などで他の従業員の給与との比較，賃金センサスの平均賃金との比較などをして，労務提供の対価であること，そしてそれは他の従業員と比較しても役割の重要性以上の不均衡はないことなどを主張する。

なお，会社とのお金の貸し借りについては注意してみたほうがよい。会社に貸し付けたお金の返済を受けている場合，その返済分も実質的な役員報酬としてとらえることが可能な場合もあるし，反対に会社に貸し付けている場合，役員報酬は実質的に貸し付け分を減額して考えたほうが妥当な場合もある。

⑸　頚椎捻挫・腰椎捻挫と休業損害

　頚椎捻挫や腰椎捻挫によって，仕事を休業する必要性はもちろんある。しかし，ある程度まで回復すれば，痛みを我慢しながら働くことは不可能ではないため，特段の事情のない限りはそれほど長い期間の休業は認められないことが多い。休業期間が 1 カ月を超えてきたら危険水域だと考えるべきである。

　しかし，たとえばタクシー会社のなかには，人の生命を預かる仕事である運転手は，会社が復職の許可をしないと働けないとする体制をとっているところもある。また，肉体労働のように，純粋に痛みがあると働けないという場合もあろう。

　いずれにしても，頚椎捻挫・腰椎捻挫で休業期間が長期化しそうな場合には，その理由を依頼者によく確認し，可能ならば医師に就業できない旨の診断書を作成してもらうことが大切である。

　そのことが，対人社の休業損害の支払打ち切りを防止し，後に適切な賠償を得る布石となる。

②賃金センサス

　サリュでは，基礎収入の認定に賃金センサスを利用しうる適用場面は，次の3つのパターンに分類できると考えている。

　1　家事労働型…専業主婦のような家事労働を金銭評価するケース
　2　収入上昇型…未成年や若年者，無職者や就労したばかりの人，あるいは年功序列型の大企業や公務員のように，現在の基礎収入を賠償算定の基礎とすると適切な賠償算定ができないケース
　3　立証補助型…主に自営業者だが，申告をしていない，あるいは，申告しているものの真実と乖離しているような場合で，あるべき基礎収入を十分に立証できないケース

　わざわざ分類したのは，賃金センサスを事実認定に利用するための前提事実として立証していく事実が異なる点に意味がある。

(1)　収入上昇型
　収入上昇型は，将来的に賃金上昇の期待が高いときに，事故前年の給与ではなく，賃金センサスの平均賃金を基礎収入として使う（あるいは参考にする）という考え方である。
　大企業の社員や大企業でなくても，入社直後で給与が高くないが，いずれは相応の昇給が見込める場合などはよくある。このような場合は，この収入上昇型の賃金センサスの使用場面である。
　昇給の蓋然性を立証するため，年功序列型の大企業の賃金テーブルや，順調に昇格してきた履歴などを立証していくのだが，だからといって将来も賃金テーブルが同じか否かは不透明であるし，将来も想定どおり出世するかは不明であるから，裁判所もなかなか資料どおりの事実認定はしてくれない（そもそも，給与テーブルなどもたない企業がほとんどであろう）。
　そこで，将来的な昇給の蓋然性についての立証をまずは試みる（たとえば，その企業の入社後の賃金上昇等を企業の協力を得て立証する等）。
　その上で，被害者の収入と男子大卒の年齢別平均賃金や全年齢平均賃金と比

較して，どの程度の割合なのかを計算し（たとえば男子大卒年齢別の85％，等）「現時点で年齢別賃金センサスの85％をもらっているから，少なく見積っても，将来も同じく年齢別賃金センサスの85％の収入を得る蓋然性はある」と主張しておくと，昇給前提での基礎収入が認められやすくなる。

⑵　立証補助型

　立証補助型の賃金センサスは，公的な収入証明が存在しないが，働いて収入を得ていることは明らかである場合に有用な立証パターンである。

　自営業者で，確定申告をしていないが，仕事はしていて収入もある，というのは思いのほか目にすることが多い。

　対人社としては，公的に収入の証明ができない以上，基礎収入はゼロだ，少なくとも自賠責の最低基準なら認める，等と言うことが多い。

　しかし，そこで諦めるにはまだまだ早い。

　以下，収入証明が十分でなくても，賃金センサスを立証補助とすることで収入を認めさせることができるパターンを紹介しておきたい。

　まず前提として，当たり前のことであるが，公的な収入証明がなくても，○万円程度の収入は存在した，との現実収入の立証に力を入れることが必要である。

　たとえば預金口座の入金の履歴，取引先との連絡文書，見積り，請求書，業務上の経費等，形ある証拠をできるだけ集めるのである（依頼者にまとめてもらうほうがよい）。

　ここで，交通事故の損害賠償請求のためだけに事後的に確定申告をすることがあるが，事故後申告そのものに証拠力は弱くそのまま裁判所が採用することはないと考えたほうがよい。結局，その事故後申告の内容（売上や経費）を裁判において審理されることになるため，そうであれば申告せずに，申告できるだけの資料を集めて，訴訟提起した上で裁判の場で基礎収入の立証に力を注いだほうがよいと思う。

　所得はこの程度だ，という立証を真剣にした上で，立証の肝となるのは生活実態の立証をしておくことである。

　たとえば，家賃はいくらか，同居家族はいるのか，生活費にいくら使っているのか，借入金の推移はどうなのか……そういったことである。

　お金を使っている，ということは，「使うだけのお金を持っていた」ということである（裁判所の事実認定を拘束する経験則である）。

　お金の使用実態を証明することは，経験則上それだけのお金を持っていたこ

とにつながり，結果として収入の証明にもつながるのである。

参考例として，神戸地裁平成19年10月1日判決を紹介したい。

このケースでは，事故前年度の確定申告上の所得は160万円であった。しかし，結論として60〜64歳の平均賃金441万200円を基礎収入として認めた事案である。

内容をみると，原告は，確定申告は経費を過剰計上しており，本来はもっと所得があったと主張している。

それに対する裁判所の事実認定では，公共料金，住宅ローン，融資返済，保険料等の支出が400万円に達していることを認定し，さらに自動車を保有し，犬も飼っていることなど，確定申告上の所得160万円にとどまらず，相応の収入があったものと認め，賃金センサスを参考に基礎収入を認めている。

私の経験上も，確定申告もない，ビジネス上の証拠（帳簿等）も一切何もなし，という事案で，この立証補助型の賃金センサス理論を試験的に実践してみたことがあった。

その裁判では，どのような仕事をし，どの程度の収入があったかを細かく主張（証拠はなかった）した上で，家賃や生活費といった生活実態・支出状況，現在・過去の就労状況，借金に関する信用情報（借金がないのに支出できていたこと。すなわち収入があったこと）などの事情を丁寧に立証した。その結果，判決にて「賃金センサスの○%程度の収入はあった」と認定してもらったことがある。

もし，読者が公的証明資料の一切ない依頼者を担当していたとしても，これを参考にぜひとも諦めずに適正な賠償を勝ち取ってほしい。

各論3

■————————— **治療期間中の証拠収集** —————————■

　治療期間中は，ただ損害の確定を待っている期間ではない。弁護士としては，いずれ来る損害賠償請求の準備期間であり，万が一にも症状が残存してしまった場合には，後遺障害手続をすることになるから，そのための準備期間でもある。そのため，適時に適切な資料を収集できるように心がけたいところである。

　治療期間中に原則として収集すべき証拠は，診断書および診療報酬明細書などの医証と，源泉徴収票や休業損害証明書などの収入関係資料に大別される。その他の資料としては，刑事記録，本人が手元に保管している文書料などの領収書や，タクシー代などの領収書が挙げられる。とりわけ領収書は，本人に預けておくと紛失などの危険があるため，法律事務所側で保管しておいたほうがよい書類である。

1 　医　　証

(1)　自賠責様式の診断書および診療報酬明細書

　診断書および診療報酬明細書は，被害者が，いつ，どこで，どのような傷病名で，どのような治療を受け，いくら費用がかかっているかを知ることのできる書類である。その都度取り寄せることは手間であり，治療が終わってから1回で全治療期間分を取り寄せることも考えられるが，実は途中で傷病名が変わっていたり，治療内容が変わっていたりすることも多いので，可能な限り1か月ごとに取り寄せてその内容を確認すべきである。傷病名の変遷が見られたり，治療内容の変化が認められたりすることは，よくも悪くも後遺障害の見立

てに大きな影響を与えることになるので，必ず確認されたい。

　対人社が治療費を直接病院に支払っている一括対応の場合，治療費を負担している対人社から「診断書」および「診療報酬明細書」を取得するのが簡便である。一括対応の場合には，医療機関にて自賠責用の診断書および診療報酬明細書が作成されており，医療機関が対人社に治療費の請求を行うために提出しているので，対人社からその写しの提供を受ければよい。このとき，自賠責保険に被害者請求を行うときのために，「原本に相違なし」という原本照合印を対人社に押してもらうことをお勧めする。

　治療費を支払っている対人社がない場合（たとえば，自費で通院している場合や，医療機関に治療費を保留してもらっている場合），自賠責用の診断書および診療報酬明細書が存在しないので，被害者側で自賠責用の診断書および診療報酬明細書を取り寄せる必要がある。具体的には，医療機関に自賠責用の診断書および診療報酬明細書を送付し，記載を依頼する。

　被害者が医療機関で保険証を提示して，3割（ないし1割）の窓口負担をしている場合にも，原則としては，医療機関に対して自賠責用の診断書および診療報酬明細書の作成を依頼する必要がある。ただし，この場合には，医療機関においてすでに保険者請求用（つまり，窓口で被害者負担している他の7割分の請求）に診療報酬明細書を作成していることがあり，その場合には，自賠責様式の診療報酬明細書の作成を拒まれる場合もある。拒まれた場合には，保険者提出用に作成した診療報酬明細書の写しを自賠責保険用の代用として医療機関から交付を受けるか，保険者（国民健康保険であれば地方公共団体，いわゆる協会けんぽであれば全国健康保険協会の各支部，組合であれば当該組合）に開示申請（「保有個人情報開示」という手続で開示を行うことができる）を行って取り寄せる作業が必要となる。

　労災保険から治療費が支払われている場合には，自賠責用の診断書および診療報酬明細書が存在しないため，医療機関に作成依頼を行う必要がある（まれに，対人社においてすでに医療機関より診断書や診療報酬明細書を取り寄せてくれている場合があり，その場合には，対人社から原本照合済写しの提供を受

ければ足りる）。診療報酬明細書は，すでに労災保険用として医療機関が作成しているため，自賠責用の診療報酬明細書の作成を拒まれることがある。その場合には，労災に提出した診療報酬明細書の写しを代用として医療機関から交付を受けるか，労災に開示申請（保有個人情報開示請求）を行って取り寄せる必要がある。

(2)　調剤報酬明細書

　対人社が一括対応している場合には，対人社より原本照合印付写しの提供を受ければよいこと，仮に対人社が調剤費の対応をしていない場合には，薬局に調剤報酬明細書の作成依頼を行って取り寄せる必要があること，薬局が保険者に対する請求ですでに調剤報酬明細書を作成しておりその作成を拒否する場合には，作成済の保険者提出用の調剤報酬明細書の写しの提供を受けるか，または保険者に対して開示請求を行うかの手続をとる必要があることは，診断書および診療報酬明細書の取寄方法と同様である。

　診療報酬明細書に「処方せん料」と書いてある場合には，被害者が薬を受け取っていないなどの理由がない限り調剤報酬が発生しているはずであるので，診療報酬明細書の記載を確認して調剤報酬明細書の取寄せの必要性を判断されたい。

(3)　施術証明書・施術費明細書

　整骨院での施術を受けている場合には，施術証明書・施術費明細書を取り寄せる必要がある。診断書および診療報酬明細書と同様に，対人社の対応の有無や，医療機関によってすでに作成されているか否かによって，その取寄先と手順が異なる。

2　収入関係資料

(1)　源泉徴収票

　被害者が，給与所得者の場合や法人役員（役員報酬）の場合には，休業損害の請求や後遺障害が認められた場合の逸失利益の請求のために，源泉徴収票が必要となる。休業損害証明書には，「事故前年度の源泉徴収票」の添付で足りるとされているが，被害者の収入の推移をより正確に把握するために，過去3年～5年分の源泉徴収票を取得しておくのが望ましい。なお，源泉徴収票は，被害者自身から取り寄せるのが原則ではあるが，被害者自身が紛失している場合には，被害者に再度の取得を依頼するのはもちろん，被害者の同意を得て法律事務所が主体的に直接勤務先に再度の発行を依頼することも考えるべきである。

(2)　休業損害証明書

　被害者が，給与所得者の場合には，休業損害の請求のため，休業損害証明書の作成が必要となる。休業損害証明書には3か月の休業を記載する欄があるため，1～3か月ごとに，勤務先に記載を依頼することができる。治療が終了してから治療中全期間の休業損害証明書の記載を依頼してもよいが，被害者が転職するなどの事情があれば，その作成依頼に時間がかかることがある。勤務先さえ抵抗がなければ，1～3か月ごとに作成依頼を行うことをお勧めする。

(3)　確定申告書

　被害者が自営業者の場合には，所得に変動がある可能性が高いため，過去3年～5年程度の確定申告書およびその添付資料一式を，被害者から取得しておきたい。

　未申告分については，将来必要となるために，写しをとっておくよう被害者

に依頼しておくことも忘れてはならない。

　なお，確定申告書類の写しは，税務署の印や，電子申告を行ったことがわかる書類がなければ，その証明力は著しく低くなってしまうため，それらの確認も必須である。

　法人役員が被害者の場合にも，休業損害や逸失利益の確認などのため，個人の確定申告書を取得しておきたい。

(4)　法人概況説明書や決算書

　法人役員が被害者の場合には，過去3〜5年分の法人概況説明書や決算書類を取得しておきたい。企業損害や代表者個人の休業損害のみならず，固定経費の有無および内容の確認を行う必要がある。

3　その他

(1)　刑事記録

　刑事記録は，事故態様に争いがある場合，被害者に過失が認められる可能性のある場合はもちろん，原則として受任した全件で取り寄せておきたい資料である。なぜなら，仮に事故態様に争いがなく，被害者に過失が観念できない場合でも，後遺障害の程度や有無を検討する際に，事故の大きさを証明する証拠となり得るからである。

　刑事記録の取得の手続は，

・**交通事故証明書にて「人身事故」となっていることを確認する**

　人身事故であるにもかかわらず物件事故になっている場合には，人身事故への切替えを検討する。切り替える場合には，被害者に医療機関で警察提出用の診断書を交付してもらい，管轄の警察署に提出してもらう。

・**警察に送致状況を照会する**

電話で回答してもらえる地域もあるが，弁護士法23条の2に基づく照会が必要とされている地域が多い。

・**送致状況の回答を得て検察庁の事件係に処分内容の照会を行う**

照会方法は地域により差がある。FAXで照会を行うこともできる地域もあれば，再度弁護士法23条の2に基づく照会を行う必要がある地域もある。

なお，少年事件の場合には，家庭裁判所へ処分内容の照会を行うこととなる。

・**処分内容の回答を得て検察庁記録係に謄写請求を行う**

保管記録の場合と不起訴記録の場合とで，多少の必要書類の相違はあるが，その都度確認されたい。刑事記録には，写真や信号サイクルなどの重要な書類が添付されていることもあるので，法律事務所側で謄写の範囲を不必要に限定せず，「刑事記録一式（ただし，プライバシーや身上に関する部分を除く）」などを謄写の範囲として，できる限りの証拠を収集したい。

なお，少年事件記録の場合には，家庭裁判所に謄写請求を行うこととなる。

以上の流れが基本である。

仮に，「物件事故」のまま，切り替えることもできずに処理されている場合には，管轄警察署に「物件事故報告書」の送付依頼（多くの地域では弁護士法23条の2に基づく照会によることとされている）を行い，同書を取得する。

⑵　領収書等

被害者が立て替えた診断書代などの領収書や，タクシー通院時の領収書などは，可能な限り早期に取得しておきたい。依頼者が保管しているため，紛失や毀損の恐れが類型的に高いからである。

⑶　物損関係資料

対人社が対物保険で対応している場合には，対人社から，物損資料一式を取得しておくことをお勧めする。仮に対物賠償が示談により終結している場合であっても同様である。物損資料は，事故態様だけでなく，身体に加わった衝撃

の強さを確認するため（つまり，治療期間や後遺障害の有無程度に関係する）にも重要な書類だからである。

　具体的には，被害車両の見積書・車両写真，加害車両の見積書・車両写真，アジャスターが作成した損害報告書は，必要最小限である。対人社からは，被害車両の見積書・車両写真しか出してこないことがあるが，加害車両の情報も事故の大きさを示すのに重要な情報であるし，アジャスターの見解も事故の衝撃を推認する上で重要な情報であるので，忘れずに取得されたい。

　仮に，対人社が対物保険で対応していない場合には，修理工場に見積書の作成および車両写真の撮影を依頼し，その提供を受ける必要がある。

④ 状況に応じて収集すべき証拠および証拠収集方法

　治療期間中に原則として収集すべき証拠の取得は，法律事務所としては必要最小限の仕事であるが，状況に応じて取得する必要が出てくる証拠というのも当然に多い。どのような場合に，どのような証拠を，どのような方法で取得するかは，法律事務所の腕の見せ所である。

　そもそも，状況に応じて収集すべき証拠は，医師や勤務先など第三者の協力が必須である証拠であることが多い。そのため，法律事務所として最も重要なことは，依頼者本人に対して，「主治医の先生および勤務先とのコミュニケーションを密にしてもらうこと」を指導することである。依頼者本人にとっても法律事務所にとっても，当初の方針や見通しから外れ，「状況に応じた対応」を強いられる事態は，望ましいこととは言えないからである。

　以下では，状況に応じて必要と考える証拠および証拠収集方法を記載する。なお，以下の記載は，その書類を収集すればすべてがうまくいくという類のものではなく，参考にしていただきたい事件処理および証拠収集の方法を示すにすぎないことは注意していただきたい。

(1)　物損が比較的軽微な事故で，治療費の打ち切りがあり得そうな事故類型の場合

　物損が軽微（たとえば，被害車両の物損金額が10万円程度である場合）な案件は，「こんな事故でそこまでケガしないでしょう」という形で，対人社から治療費を打ち切られること（治療期間が制限されること）がある。

　また，軽微事故と認定されてしまうと，後遺障害等級14級9号の要件の1つにマイナスの大きな影響を与える。

　このような場合に必要と考えられる証拠は，

- 見積書，車両写真，損害報告書などの物損関係資料
- 実況見分調書
- 医療照会・回答書もしくは意見書

である。

　法律事務所としては，対人社の「物損が軽微だ」という主張には，前述の「原則として収集すべき証拠」を示し，決して本件は軽微物損ではないという主張を行うことが一歩目となる。しかしながら，物損資料などは，対人社も確認しているため，これだけでは対人社の決定は覆らないことが多い。

　そこで，法律事務所としては，主治医の先生から，

- 身体に与えられる衝撃は，物損の程度と必ずしも比例しない。
- 現に○○（被害者の名前）には，○○（症状）という症状に対して治療効果も認められるため，治療継続が望まれる。

という意見をもらえるかどうかが勝負の分かれ目となる。

　主治医から意見をもらう方法は，主治医に直接会う「医師面談」や，書面による「医療照会」が挙げられる。「医療照会」は，通常，どのような回答が

返ってくるかが不明なため，先に「医師面談」を行い，主治医の意見を意見書としてまとめてもらうか，こちらで意見書の草案を作成して主治医に適宜修正してもらうのが基本となる。

「医師面談」のメリットは，主治医の忌憚ない意見が直接聞けること，細かい状況を説明できることである。特に，今回の例とした軽微な事故の場合であれば，事故状況がどんなものだったのかを説明する必要があり，それは面談による方法のほうが双方理解しやすいであろう。対して，デメリットは，時間的な調整が必要なこと，主治医によって被害者の立会が必要なこと等である。特に，すぐに治療費が打ち切られそうな場合など急ぎの場合には，日程調整がうまくいかない可能性のある「医師面談」は適さない。

「医療照会」のメリットは，1回で主治医の意見を取得することができることである。特に，治療費打ち切りが迫っている時期では，面談後に意見書を作成しているうちにその時期が到来する可能性もある。対して，デメリットは，書面では事故状況の説明は難しく，どのような内容が返ってくるかが事前に予測できないことである。当然，不利な回答が返ってくることもあるだろう。

(2)　事故後 4 カ月ほど経過し，治療費の打ち切りがあり得そうな 事故類型の場合

治療費の打ち切りには，物損が軽微である場合のほか，「もう事故から 3 カ月ですし，そろそろ治療の必要はないと思います」という形で，治療費を打ち切ってくることがある。この場面に対応するために必要と考えられる証拠は，

- 診断書および診療報酬明細書
- 医療照会・回答書もしくは意見書

である。

法律事務所としては，「もう 3 か月ですし」という対人社の主張の中には，「治療効果もあまり出ていないようですし」という主張が隠れていることを見

抜くべきである。

　そのため，まずは診断書および診療報酬明細書の内容を確認して，「治療内容に変遷がみられるかどうか」を確認するのが一歩目となる。治療内容の変遷（特に，強い薬の服用を始めた場合など）が認められるということは，主治医がさまざまな治療方法を試していることの証左であって，治療効果が期待できる，すなわち治療の必要性があるという判断にもつながるし，後遺障害の観点からも，主治医がさまざまな治療を施したにもかかわらず症状が残存したと主張するための証拠となる。

　しかしながら，診断書などは，対人社も確認しているため，診断書および診療報酬明細書だけでは対人社の決定は覆らないことが多い。そこで，やはり「医師面談」「医療照会」の方法で，主治医の意見を取得することが考えられる。この場合にも「医師面談」のメリットは，主治医の忌憚ない意見が直接聞けること，細かい状況を説明できることであるが，治療効果の有無の判断は，前の物損状況と異なり主治医の専権であるため，このメリットはたいして大きくない。対して，時間調整の必要というデメリットは大きい。

　「医療照会」のメリットは，比較的迅速に主治医の回答を得られることである。対して，デメリットは，書面では事故状況の説明は難しく，どのような内容が返ってくるかが読めないことであるが，主治医が自身の治療について「効果がない」と意見することは考えにくい。すなわち，医療照会の方法が生きるパターンである。

　最終的には，

- 事故による症状が持続していること
- 現在の治療に効果があること
- そのため，今後も治療継続の必要があること

を意見してもらう必要がある。

【図表10】医療照会・例

医療照会・回答書

患者名　　　○○　　○○
生年月日　　昭和○○年○月○日
受傷日　　　令和○年○月○日

1　初診時における患者様のご症状について，ご教示ください。

2　現在の患者様のご症状について，ご教示ください。

3　患者様をご高診くださっている先生のご所見として，上記症状の推移を鑑みると，治療の効果はあがっていると考えて宜しいでしょうか。

4　圧迫テストや叩打痛テスト，ジャクソンテストやスパーリングテスト等，神経学的な検査所見がございましたら，ご教示ください。また，症状の残存に影響を及ぼす画像上の変性所見などがございましたらご教示ください。

5　上記3の治療の効果に鑑みると，患者様をご高診いただいております先生のご所見として，今後，どれくらいの期間，治療が必要とお考えでしょうか。現時点でのご見解で構いませんので，ご教示いただけましたら幸甚です。

以上，ご協力誠にありがとうございました。

令和　　年　　　月　　　日

医療機関

医師名　　　　　　　　　印

　独自のノウハウであるが，このケースにおける医療照会の例を紹介しておく【図表10】。

⑶　休業損害が支払われない可能性がある場合

　仮に，被害者が入院中の場合であれば，その入院の必要性が否定されない限りは，休業の必要性も比較的肯定されやすい。しかしながら，たとえばむち打ちの場合などは，仕事を休んだとしても，対人社は「休業の必要なし」として，休業損害の内払に応じなかったり，休業損害を否認したりしてくることがある。一方で，後遺障害の観点でいえば，休業の必要性は必ずしも要件とはなっていないが，「休業の必要なし」とされるよりも，「休業の必要あり」とされるほうが，「労働能力の喪失（≒後遺障害の残存）」は導きやすいであろう。

　この場合に必要となる書類は，

- 休業損害関係書類
- 医療照会・回答書もしくは意見書
- 勤務先の意見書

である。

　休業損害に関する立証のポイントは，「医学上の休業の必要性」および「現実の休業の必要性」である。主治医は，被害者である患者の具体的な業務内容までは把握していないことが多く，勤務先は，被害者である従業員の具体的な症状までは把握していないことに，証拠作成のコツがある。

　「医学上の休業の必要性」は，やはり「医師面談」「医療照会」の方法で，「現在において復職は困難」とする主治医の意見をもらう必要がある。勘のよい読者はすでにお気づきかもしれないが，この場合には，「医療照会」による方法よりも，「医師面談」による方法のほうがよいと思われる。「医師面談」の方法によるメリットは，被害者の就労先の勤務や仕事内容を事細かに説明することができることである。しかも，主治医としては，弁護士に対して「復帰し

てよし」と軽率に意見できない。無理やり復帰させて労災事故でも起こせば責任問題となるからである。対してデメリットとしては，時間調整だが，休業損害の交渉はいずれにせよ長引くことが多く，治療費打ち切りと異なり「来月病院に通えない」という緊迫した状況に直面した場面であることは少ない。一方で，「医療照会」による方法は，文字だけで被害者の事故前の就労状況と仕事内容を伝達せねばならず，よほどの文才がないと困難である。しかも，どのような返事があるのか予想もできないし，「無理に復帰させて労災事故なんか起こったら責任問題になりますよ」などと文面に書くこともできない。

　以上より，「医学上の休業の必要性」は，「医師面談」による方法で，「○○（被害者）には，現在○○（症状）という症状が残存しており，○○（仕事の内容）という仕事をしていることからすれば，現在において復職を指示することは困難である」旨の意見書をもらうことがよい。

　次に，「現実の休業の必要性」は，勤務先に被害者の症状を電話ないし会って伝えた上で，「○○さんは，現在，○○という症状を訴えており，○○という動作に支障を来していると伺っています。このような状態では，弊社としては○○という仕事に従事させることもできず，配置転換も困難ですので，現段階での職場復帰は控えていただくようお願いしております」という書面をもらうのがよい。

　このような主治医意見および勤務先の意見をもらい，保険会社に休業の必要性を主張することが肝要である。なお，このケースにおける勤務先意見の例を添付しておく【図表11】。

【図表11】勤務先意見（例）

勤務に関する意見

　当社職員の主な業務内容は，タクシーでの旅客運送である。〇〇〇〇氏は，平成〇年〇月〇日に発生した交通事故により，〇〇の傷害を負い，〇〇の障害並びに〇〇が残存した結果，同一姿勢の維持に困難を来し，後方確認などの頸部運動が困難となっていることにより旅客運送業務が不可能となった。旅客の命を背負っている以上，当該職種に復職させることも困難と考えられる。

　また，〇〇〇〇氏については，旅客運送業者（タクシー乗務員）として雇用しており，事務職員としての雇用ではなく，人員配置の関係から事務職員への配置転換はできない。

　以上の理由から，業務遂行の継続が困難となっているため，職場復帰は控えさせている。

平成〇年〇月〇日

記

　　　　住　所
　　　　氏　名

　　　　　　会社名

　　　　　　住　所

　　　　　　代表者名

印

以上

⑷　退職可能性のある場合

　被害者が事故により復職できず退職する場合があるが，退職が事故と結びついていなければ，退職後の休業損害が支払われない可能性がある。このような場合に必要となる書類は，

・休業損害関係書類
・離職票など，失業関係の書類
・退職に関する医療照会・回答書もしくは意見書
・退職証明書

が挙げられる。

　前二者は，休業損害の請求および退職の事実を示す書類として必須である。退職理由に事故による休業が関与している場合には，本来であれば，勤務先に「交通事故によって」，「解雇した」ことを示してほしいものである。しかし，勤務先としては，その後の手続のために「解雇」とはせずに「自主退職」とすることがあり，その場合には，自己都合退職として，その後の休業損害が支払われないことがある。これに対する対応としては，「この症状であれば退職しても仕方がない」とする主治医意見を取得したいが，通常，主治医はそこまで書いてくれない。そのため，勤務先に対し，「○○という症状によって，○○という業務遂行に困難を来したこと」，それによって「配置転換もできず退職に至ったこと」を退職証明書に記載してもらうことを依頼すべきである。具体的には，先の「勤務先意見（例）」の標題を，「退職証明書」に変更し，末尾を，「以上の理由から，業務遂行の継続が困難となっているため，職場復帰は困難と判断し○○年○月○日，退職するに至った」と変更することになる。

⑸　既往症がある場合

　既往症の存在は，後遺障害の調査およびその後の対人社との交渉において事

故と症状との因果関係を否定されたり，対人社との交渉において素因減額がされたりする等不利に働く可能性がある。

　一方で，身体と全く関係のない既往症を理由に因果関係を否定されることはありえないし，素因として減額対象になっていいものではない。そのため，既往症の確認は，その後の方針（後遺障害等級の見立て，訴訟まで視野に入れて徹底して争うのか，数割の減額を覚悟して事件処理すべきなのかなど）を決定づけるために，早急かつ必須な作業である。

　この場合に必要となる書類は，

- 事故前カルテおよび事故後カルテ
- 通院履歴

である。

　まず，「事故前に通院歴があることが明らかな場合」には，事故前カルテの取得は必須である。被害者が持っている場合にはそれを借り受けてもよいし，持っていなければ，過去に通院していた医療機関を依頼者から聴取して，その病院にカルテ開示申請を行うこととなる。次に，「事故前通院歴が不明な場合」には，健康保険・社会保険の保険者に，保有個人情報開示申請を行う必要がある。保有個人情報開示申請の方法は，保険者（請求先）により異なるが，5年ないし10年の過去の診療履歴が取得できるので，法律事務所としては，被害者から保険者の履歴（勤務先や国民健康保険切替えのだいたいの時期など）を聴取した上で，保有個人情報開示申請を行うべきである。

　いずれにしても，過去の診療記録を取り寄せ，「今回の事故による症状と既往症とは，何ら関係がない」ことを示すことである。万が一，既往症と今回の事故による症状や発現部位が同一であっても，被害者側の代理人としては，事故以前および以後の通院頻度，通院状況および治療内容の相違，事故後の症状の重篤さを主張立証して，症状に対する今回の事故の影響が強いものと立証していく必要がある。

　なお，後遺障害の観点でいうと，自賠責保険は，今回の事故によって生じた障害が後遺障害に該当するか否かの判断は慎重に行うが，既往症の認定は非常に簡単に事故以前からあった障害だと認定する傾向がある。既往症が，今回の事故による症状に影響していないことを，被害者側で綿密かつ正確に立証しなければ被害者救済が行われない現実となっている。

(6)　過去に後遺障害の認定がある場合

　過去に後遺障害の認定を取得している被害者の場合，「同一部位」では二度と後遺障害が認定されないのが日本における自賠責保険の基本的な運用となっている。そのため，被害者側とすれば，今回の事故によって生じた症状は，以前認定されている部位と同一部位ではないことを証明する必要がある。

　この場合に必要となる書類は，

• 過去認定時の等級認定理由
• 事故前カルテおよび事故後カルテ

である。

　まず，過去認定時の等級認定理由は，必須である。被害者自身が等級認定理由を持っている場合は，被害者自身から取得すれば足りるが，過去の事故の時期によっては，被害者が持っていないことも多い。被害者が過去の事故の自賠責保険会社を覚えていれば，自賠責保険会社宛の開示についての同意書（様式は自由であるが，受任者・委任者が明示されていることと，過去の事故に関する資料一切の貸出が授権事項とされていることなど，一定の要件がある）を被害者から取得し，自賠責保険会社に開示請求を行えばよい。被害者が自賠責保険会社を覚えていなければ，まずは料率機構に過去の請求歴を自賠責保険会社名を含めて照会し，回答を得て先の開示請求手続に進めばよい。

　事故前カルテと事故後カルテは，症状の比較を行う上で必須である。

　以上2点の証拠を取得し，過去認定時にはなかった症状が今回の事故で生じ

ているかを検討し，どの部位が後遺すれば等級認定の可能性があるのかの見立
てをすることが重要である。

各論4

■——————— 後遺障害申請手続 ———————■

1 後遺障害診断書

(1) 後遺障害申請手続の最重要書類

　症状固定時に，残存している症状がある場合，後遺障害の申請を考えることになる。

　自賠責保険において後遺障害として認定されるためには，主治医に後遺障害診断書という診断書を作成してもらう。

　この後遺障害診断書を料率機構に提出し，後遺障害の有無を審査してもらうこととなる。

　後遺障害の認定のための審査は，料率機構が被害者と直接面談し，症状について聴取して判断するわけではなく，主治医が作成した後遺障害診断書をもとに行われる，いわゆる書面審査である。いかに，今までの経過診断書等で症状の記載があったところで，後遺障害の対象となるのは症状固定時の残存症状である。そして，後遺障害診断書こそが，その残存症状が記載された書類となるため，後遺障害申請手続においては最も重要な書類となる。

(2) 内容の検討

　後遺障害診断書を作成するのは主治医であるが，主治医は医学の専門家であり，後遺障害診断書を作成する教育を受けているわけではない。

　このため，被害者の症状が適切に記載されているのかを確認し，場合によっ

ては訂正を求めるのは我々弁護士の役割である。

　なお，交通事故の損害賠償請求に使用する後遺障害診断書は，定型の書式を使用する。

　本書のターゲットであるむち打ち案件における確認すべき事項については，以下のとおりである。

・症状の記載漏れがないか

　依頼者の自覚症状と比較して記載漏れがないようにしよう。

・自覚症状が「常時」の「痛み・痺れ」であるか

　天気が悪いと痛い等，条件付きの痛みの場合，常時痛とは言えないことに注意。ただし頸椎など関節部の可動時痛は常時痛と同視しうる。

・症状がある部位の具体的な指摘

・神経学的所見に異常がある場合，その旨の記載

　腱反射，MMTなどの神経学的所見に異常所見があるなら書いてもらおう。

・画像所見に異常がある場合，その旨の記載と，画像の種類および撮影日の記載

・可動域（関節が動く範囲）が制限されている場合，その角度

・予後欄に「症状の緩解，改善」の旨の記載がないか

　後遺障害は，今後も残存する症状を前提とするので，今後改善するだろう，軽快するだろうという趣旨の記載は後遺障害認定にあたって阻害事由となる。

2　後遺障害診断書の作成

(1)　後遺障害診断書

自動車損害賠償責任保険後遺障害診断書

氏　名	甲野　太郎	（男・女）

■記入にあたってのお願い
1. この用紙は、自動車損害賠償責任保険における後遺障害認定のためのものです。交通事故に起因した精神・身体障害とその程度について、できるだけ詳しく記入して下さい。
2. 歯牙障害については、歯科後遺障害診断書を使用して下さい。
3. 後遺障害の等級は記入しないで下さい。

生年月日	（昭和）58 年 5 月 23 日（45 歳）

住　所	

	職　業	会社員

受傷日時	2019　年 1 月 13 日	症状固定日	2019　年 7 月 2 日

当院入院期間	自　　年　月　日　（　　）日間 至　　年　月　日	当院通院期間	自　2019　年 1 月 13 日　実治療日数 至　2019　年 7 月 2 日　（48）日

傷病名	頚椎捻挫	既存障害	今回事故以前の精神・身体障害：有・無 （部位・症状・程度） なし

自覚症状	頚部痛，左上肢シビレ

各部位の後遺障害の内容　｜　各部位の障害について、該当項目や有・無に○印をつけ①の欄を用いて検査値等を記入してください

①精神・神経の障害／他覚症状および検査結果	知覚・反射・筋力・筋萎縮など神経学的所見や知能テスト・心理テストなど精神機能検査の結果も記入してください。X・P・CT・EEGなどについても具体的に記入してください。眼・耳・四肢に機能障害がある場合もこの欄を利用して、原因となる他覚的所見を記入してください。 ＭＲＩ上　C4／5, 5／6に変性あり 当院と並行して接骨院に通院

②胸腹部臓器・泌尿器・の生殖障害	各臓器の機能低下の程度と具体的な症状を記入して下さい。 生化学検査・血液学的検査などの成績はこの欄に簡記するか検査表を添付してください。

③眼球・眼瞼の障害	視　力		調　節　機　能		視　野	眼瞼の障害
	裸眼	矯正	近点距離・遠点距離	調節力	イ．半盲（1/4半盲を含む）	イ．まぶたの欠損
右			cm　　cm（　　）D		ロ．視野狭窄	ロ．まつげはげ
左			cm　　cm（　　）D		ハ．暗点	ハ．開瞼・閉瞼障害
眼球運動	注視野障害 （全方向1/2以上の障害）	右　複視 左	イ．正　面　視 ロ．左右上下視	ニ．視野欠損 （視野表を添付してください）	（図示してください。）

眼症状の原因となる前眼部・中間透光体・眼底などの他覚的所見を①の欄に記入してください。

オージオグラムを添付してください				耳介の欠損	⑤鼻の障害	⑦醜状障害(採皮痕を含む)	
④聴力と耳介の障害	イ.感音性難聴 (右・左)　ロ.伝音性難聴 (右・左)　ハ.混合性難聴 (右・左)	聴力表示　イ.聴力レベル　ロ.聴力損失		イ.耳介の1/2以上　ロ.耳介の1/2未満	イ.鼻軟骨部の欠損 (右①欄に図示してください)　ロ.鼻呼吸困難　ハ.嗅覚脱失　ニ.嗅覚減退	1.外ぼう　イ.頭部　ロ.顔面部　ハ.頸部	2.上 肢　3.下 肢　4.その他
	検査日	6分平均	最高明瞭度	耳鳴	⑥そしゃく・言語の障害		
	第1回	年 月 日	右	dB	dB	%	聴力レベ≧30dB以上の難聴を伴う耳鳴を対象とします	原因と程度 (摂食可能な食物、発音不能な語音など)を左面①欄に記入してください
			左	dB	dB	%		
	第2回	年 月 日	右	dB	dB	%		
			左	dB	dB	%		
	第3回	年 月 日	右	dB	dB	%		
			左	dB	dB	%	右・左	(図示してください)

⑧脊柱の障害	圧迫骨折・脱臼H椎弓切除・固定術を含む)の部位	イ.頸椎部　ロ.胸腰椎部	運動障害			荷重機能障害	装時コルセット装用の必要性		⑨体幹骨の変形	イ.鎖骨　ニ.肩甲骨　ロ.胸骨　ホ.骨盤骨　ハ.肋骨
				前 屈	度	後 屈	度	有・無		(裸体になってわかる程度 X-P添付してください)
	X-Pを添付してください			右 屈	度	左 屈	度			
				右回旋	度	左回旋	度			

⑩上肢・下肢および手指・足指の障害	短縮	右下肢長	cm	(部位と原因)		長管骨の(仮関節)変形癒合(部位)	ロ.変形癒合
		左下肢長	cm			X-Pを添付してください	

欠損障害（離断部位を図示してください）

上 肢		下 肢		手 指		足 指	
(右)	(左)	(右)	(左)	(右)	(左)	(右)	(左)

関節機能障害（健側患側とも記入してください　日整会方式により自動他動および）

関節名	運動の種類	他 動		自 動		関節名	運動の種類	他 動		自 動	
		右	左	右	左			右	左	右	左
		度						度			

障害内容の増悪・緩解の見通しなどについて記入してください

症状固定

上記のとおり診断いたします。

診 断 日	平成31年 7月 2日	所 在 地	
診断書発行日	平成31年 7月 10日	名 称	A 整形外科
		診 療 科	A
		医師氏名	印

特に，丸を付したところが要注意である。

(2)　症状固定日

　後遺障害診断書は，いつの時点でどのような症状が残存しているかを証明する手続上重要な証明書である。症状固定日の記載がない場合には，自賠責保険の窓口から料率機構の自賠責損害調査事務所に書類一式を送って調査を開始してもらうことができない。

　治療期間中に治療費支払を打ち切り，自費通院に切り替えた場合，保険会社の治療費打ち切り日を固定日として記載する主治医がいる。

　その場合，訂正を依頼することになる。

　過去の経験であるが，医師面談をして，症状固定の定義とは治療効果が上がらなくなった時点であること，固定後の治療費の損害賠償ができなくなること，後遺障害認定にあたり治療期間が重要であり，打ち切り時に固定となると自賠責保険で認定されないこと，等を説明したところ，そんなことは知らなかったとして訂正に応じてくれた医師もいた。

(3)　傷病名

　経過診断書に記載のあった傷病名がそのまま後遺障害診断書に記載されていることが望ましい。別の傷病名になっていた，傷病名が消えている等の場合にはその理由の確認が必要である。初診の傷病名が，その後の検査によって変わることはないわけではなく，必ずしも不利にはならない。

　経過診断書等に記載されていた傷病名が，後遺障害診断書で消えている場合，治癒したから傷病名から消えたのであればよいが，症状が残存しているのに傷病名が消えている場合には追記をしてもらう必要がある。

　14級9号の考慮要素である症状の一貫性にもかかわる部分であるから，後遺障害診断書の交付を受けた後，必ず確認したい。

(4)　自覚症状

　後遺障害は，どのような症状が残存しているか，から出発する。したがって，

この自覚症状欄は後遺障害診断書のなかでも重要な記載欄である。

作成する医師は，患者（依頼者）から聞いたことを書くため，伝聞となってしまい，重要にもかかわらず正確に記載されていないことが散見される。

もし正確な自覚症状が記載されておらず，後遺障害認定を阻害するような記載があった場合，必ず訂正をお願いしなくてはならない。

後遺障害として認定される神経症状は，「常時残存」する「痛み，疼痛，しびれ」であるから，「こわばり，違和感，張り，凝り，筋緊張」という症状記載では，後遺障害として認定を受けることができないと考えたほうがよい。

また，寒い場合や長時間の運転および事務作業等で症状が「出現」するという条件付きの症状発現の記載も好ましくない。

端的に「頸部痛」「左手しびれ」「腰痛」等と記載してもらい，寒い場合等に症状が「増悪」するのであれば，「常にあるが寒いと痛みが増悪する」と記載してもらいたい。

(5)　予後欄

将来にわたって症状が残存するものが後遺障害である。したがって，「障害内容の増悪・緩解の見通しなどについて記入してください」と記載されている欄に，「将来症状が緩解，改善する見込み」等と記載された場合，将来残存性が否定される。

したがって，非該当という判断になる可能性が著しく高まる。

端的に「症状が固定した」旨記載してもらう等，将来の見通しは主治医も不明であろうから，何も記載しない空欄のままでもよいであろう。

３　後遺障害診断書の作成のデメリット

後遺障害診断書作成前の時点で，ほかの考慮要素から後遺障害認定が厳しいと判断しうる場合，後遺障害診断書作成には文書料（通常5千円～1万円）の負担が発生し，この費用は後遺障害が認められないと回収できないことから，

後遺障害の被害者請求を断念するかきちんと話し合い，場合によっては断念を
する選択もありうる。

4 後遺障害被害者請求とは

(1) 被害者請求と事前認定

　後遺障害の審査は，料率機構が行うが，その申請自体は加害者付保の自賠責
保険会社に対して行う（なお，加害者付保の自賠責保険会社は，交通事故証明
書に記載されている）。

　申請方法について，被害者側自身で行う場合もあれば，加害者（対人社）側
で行う場合もある。

　被害者側で後遺障害等級認定申請を行うことを後遺障害の被害者請求（自賠
法16条請求）といい，加害者（対人社）側で後遺障害等級認定申請を行うこと
を後遺障害の事前認定という。

　後遺障害申請において，被害者請求で行う場合と事前認定で行う場合とそれ

【後遺障害申請】

	メリット	デメリット
被害者請求	①被害者側で事前に後遺障害診断書の内容を確認することができる。 ②被害者側で自賠責保険会社に提出する資料をコントロールできる。	①認定結果まで2～3カ月かかる場合がある。 ②被害者側で必要書類を取り寄せる必要があり，手続が煩雑になりやすい。
事前認定	①1～2カ月ほどで認定結果が返ってくることが多い。 ②被害者側で必要書類を取り寄せる必要がないため，手続が簡易である。	①被害者側では事前に後遺障害診断書の内容を確認できないことが多い。 ②加害者側が料率機構に提出した書類が確認できない。

ぞれメリットデメリットがある。

　被害者請求を行うべきか，事前認定を行うべきか，被害者の状況に照らし判断すべきであるが，被害者側の代理人であるなら，被害者請求を行うべきだと考える。被害者側で適正な後遺障害診断書が作成されているか否か確認しなければ，妥当でない後遺障害の等級認定がされる場合があり，また，加害者側で後遺障害等級認定に関する不利な資料を提出すること（あるいは有利な資料が提出されないこと）を避けたいからである。

(2)　被害者請求に必要な書類

　後遺障害被害者請求に必要な書類は，調べればすぐにわかるが，おさらいのために再度確認しておく。

- 自動車損害賠償責任保険（共済）支払請求書兼支払指図書
- 交通事故証明書
- 事故発生状況報告書
- （経過）診断書
- 診療報酬明細書
- 委任者の委任状
- 委任者の印鑑証明
- 受任者の印鑑証明
- 後遺障害診断書
- レントゲン写真等

委　任　状

〒104-0061
東京都中央区銀座5-1-15第一御幸ビル7階
弁護士法人サリュ銀座事務所
（受任者）　住 所　TEL: 03-5537-3830　FAX: 03-5537-3840

氏 名　弁護士　平岡　将人

私は上記の者を代理人と定め次の事項を委任します。

●●年　●月　●日 発生した自動車事故の被害者　■■　■■　が受けた

損害に関し、自動車損害賠償保障法に基づく

```
1. 保 険 金 （共 済 金）
②. 損害賠償額 ┌ ㋐. 全　　額
             └ ㋑. 医療費のみ
3. 仮 渡 金
```

の請求・受領に関する一切の権限。

●●　年　●月　●日

（委任者）　住所　東京都中央区■■　■　■■

氏名　　　■■　■■

（印鑑証明の印で御作成下さい）

（注）　「 委任者の印鑑証明を添付してください。」

| 自動車損害賠償責任保険 | 1　保険金（加害者請求）
②　損害賠償額（被害者請求）
3　第（　　）回内払金
4　仮渡金 | 支払請求書　兼　支払指図書 |

■■■　損害保険（株）　御中　　　　　　　　　　　　　　　　　　　平成　2　年　■　月　■　日

貴社に対し、下記事故に係る（保険金、損害賠償額）を関係書類を添付のうえ請求します。
つきましては、下記支払指図のとおりお支払いください。なお、預金口座振込をもって受領したものとします。
また、本件事故に関して、貴社が自賠責保険の支払をするために必要な範囲で、請求者（代理請求の場合は本人を含みます）
の各種情報（被害者については、治療の内容・症状の程度を確認するための診断書・診療報酬明細書等の医療情報、および
請求権者・相続人を確認するための戸籍関連情報を含みます）を取得・利用することに同意します。

ご請求者

フリガナ	〒104-0061　トウキョウトチュウオウクギンザ　ダイイチミユキビル7カイ
現住所	東京都中央区銀座5-1-15　第一御幸ビル7階
フリガナ	ベンゴシ　ヒラオカ　マサト
氏名	弁護士　平岡　将人
昼間のご連絡先（勤務先等）	弁護士法人サリュ銀座事務所　電話　03（5537）3830
被害者との関係	本人　親族（続柄　　）　受任者　加害者側　その他（　　）

印鑑証明書の印（必ず印鑑証明書を添付してください。）

保険会社受付印

自賠責保険証明書番号　第■　■■■■■■■　号　　事故年月日　2019年　9月　15日

保険契約者	フリガナ		加害運転者	フリガナ	■■　■■
	氏名			氏名	■■　■■
	連絡先	電話（　）		連絡先	電話（　）　年齢　■■才　性別　男・女
保有者所有者・使用者	フリガナ	〒　-		保有者との関係	本人　従業員　親族（続柄）　その他
	住所		被害者	フリガナ	■■　■■
	フリガナ			氏名	■■　■■
	氏名			連絡先	電話（　）
	連絡先	電話（　）			
	契約者との関係	本人　譲受人　その他		職業　会社員	年齢　42才　性別　男・女
	請求額	￥			

支払指図（お支払先）

お受取人（ご請求者に同じ場合は記入不要です）		預金口座（郵便局の場合は通帳番号・通帳記号をご記入下さい。）	摘要
フリガナ	〒104-0061　トウキョウトチュウオウクギンザ　ダイイチミユキビル	銀行　●●●●●　当座・総合　番号　●●●店番●●●　1）全額	
住所	東京都中央区銀座5-1-15　第一御幸ビル7階	銀座支　当座・普通　番号　00●●●●●　2）治療費以外	
氏名	弁護士法人サリュ　預り金　代表社員　平岡　将人　電話03（5537）3830	郵便局　通帳9900　記号1　0　通帳番号　口座名義　ベンゴシホウジンサリュ　アズカリキン　カタカナで記入	いずれかを○印で囲んでください。

ご注意　郵便貯金への口座振込は、郵便通常貯金口座の新総合口座（ぱるる口座）

フリガナ	〒　-	銀行　当座・普通　番号　店番　3）治療費
住所		店所　当座・普通　番号
氏名	電話（　）	郵便局　通帳9900　記号1　0　番号　口座名義　カタカナで記入

治療費を病院へ直接お振込する場合○印で囲んでください。

フリガナ	〒　-	銀行　当座・普通　番号　店番　3）治療費
住所		店所　当座・普通　番号
氏名	電話（　）	郵便局　通帳9900　記号1　0　番号　口座名義　カタカナで記入

治療費を病院へ直接お振込する場合○印で囲んでください。

各論 5

■──────── 異議申立て ────────■

　以下，異議申立てについて述べたい。本書のテーマである頚椎捻挫等はもとより，その他の類型の異議申立ても説明していきたい。

　なお，頚椎捻挫等で12級13号の認定を狙う場合については，まとめて後に詳しく説明しているので，そちらをご覧いただきたい。

1 認定結果

　自賠責保険に対して被害者請求を行った場合，料率機構の出した結論は，提出先自賠責保険会社から，請求者のところへ直送されることになる。その送付物は，①認定結果通知，②別紙，③後遺障害事案整理票の3つである（画像資料も返却されるが割愛）。

　上記3つの書類について，概要を以下のとおり説明する。

(1) 認定結果通知

　請求先の自賠責保険会社により書式は異なるが，認定された後遺障害等級および（支払がある場合には）自賠責保険金額が記載されており，異議申立てが可能なことが教示されている。

　なお，認定結果通知のタイトルが，「自賠責保険金お支払不能のご通知」だった場合，後掲別紙を読むまでもなく，概ね希望の結果にはなっていないことが多い。可能な限り見たくないタイトル名である。

令和2年7月10日

〒104-0061
東京都中央区銀座 5-1-15
第一御幸ビル7階
弁護士法人サリュ銀座事務所
弁護士　平岡　将人　様

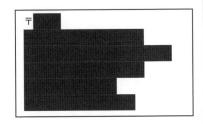

自動車損害賠償責任保険お支払不能のご通知

拝啓　平素は格別のご高配を賜り厚く御礼申し上げます。

　さて，先般ご請求をいただいておりました下記の件につきまして，調査いたしました結果，下記理由によりご請求に応じかねることになりました。

　なお，結果に対して，書面（「異議申立書」）をもって異議申立の手続きをお取りいただくこともできます。

　ご不明な点がございましたら，上記担当者までお問合せ下さい。

敬具

記

証明書番号	███████
事　故　日	令和1年9月15日
被害者名	███████

【理由】
別紙をご参照ください。

以上

《ご照会番号 ███████ 》

被害者：█████様の件

＜結　論＞
　自賠責保険（共済）における後遺障害には該当しないものと判断します。

＜理　由＞
　頚椎捻挫後の「頚部痛　天気が悪いと特に痛い」等の症状については，提出の頚部画像上，本件事故による骨折等の明らかな外傷性変化や神経の圧迫所見は認められず，また，後遺障害診断書からも，症状を裏付ける客観的な医学的所見に乏しく，その他治療状況等も勘案すれば，将来においても回復が困難と見込まれる障害とは捉えがたいことから，自賠責保険（共済）における後遺障害には該当しないものと判断します。

以　上

令和2年10月10日

〒104-0061
東京都中央区銀座5-1-15
第一御幸ビル7階
弁護士法人サリュ銀座事務所
弁護士　平岡　将人　様

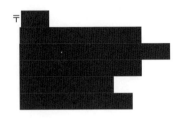

自動車損害賠償責任保険　後遺障害等級のご案内

拝啓　平素は格別のご高配を賜り厚く御礼申し上げます。
　本件の後遺障害等級につきましては以下のとおり認定いたしましたので，ご案内させていただきます。
　ご不明な点がございましたら，上記担当者までお問合わせ下さい。

敬具

後遺障害等級認定票

証明書番号	███████
事　故　日	令和1年9月15日
被害者名	███████

後遺障害認定等級	政令等級別	別表第二	第14級　9号	
	併合時の障害等級			
	加重時の既存障害等級			

認定理由につきましては別紙をご参照ください。
保険金額（75万円）でのお支払のため，内訳はございません。

なお，結果に対して書面（「異議申立書」）をもって異議申立のお手続きをお取りいただくこともできますので，上記担当者までご送付ください。

《ご照会番号 ██████████》

別　紙

被害者：　████████様の件

＜結　論＞
　自賠法施行令別表第二第 14 級 9 号に該当するものと判断します。

＜理　由＞
　頚部痛，天気が悪いと特に痛いとの症状については，自賠責保険（共済）における
後遺障害には該当しないものと判断しています。
　今回，████████整形外科に対して実施した医療照会回答書や新たに提出された資料
も含め，再度検討を行った結果，提出の画像上，本件事故による骨折，脱臼等の器質
的損傷は認められず，その他診断書等からも症状の残存を裏付ける他覚的所見は認め
難いことから，他覚的に神経系統の障害が証明されるものとしての評価は困難です。
しかしながら，前記の資料からは，令和 1 年 9 月 16 日から令和 2 年 4 月 2 日までの
間，████████整形外科への通院が認められ，前記の医療照会回答書の記載と合わせ，
受傷当初から症状の一貫性が認められます。その他受傷形態や治療状況も勘案すれ
ば，頚部痛等の症状については，将来においても回復が困難と見込まれる障害と捉え
られますので，「局部に神経症状を残すもの」として別表第二第 14 級 9 号に該当する
ものと判断します。

以　上

(2) 別　紙

後遺障害認定結果を導く判断理由が書かれている書類である。

初回の後遺障害請求だった場合には，定型のテキストに当てはめた回答が出されることがほとんどである。

異議申立ての場合には，異議申立書で主張した内容に対して，詳細な認定結果が送付されてくる。

いずれにせよ，当該結果となった理由を読み解く最重要書類である。その検討方法は後記に譲ることにする。

(3) 後遺障害事案整理票

一般的に存在が知られているものではないが，後遺障害事案整理票は，後遺障害認定を行う料率機構の担当者が，依頼者の認定結果を導くにあたり，担当者が診療期間・診断書の所見・画像所見等についてまとめたものになる。

自賠責保険への請求時に，「事案整理票がほしい」旨を記しておくと，認定結果の送付時に同封されてくる。実質的判断者である調査事務所の担当者が「何をどのように検討したのか」を探ることのできる資料になる。被害者請求時にぜひとも事案整理票も送ってほしいとの意思表示をしておいてほしい。

2　異議申立て

当初の見立てと異なる認定が出たなど，不本意な認定結果が出ている場合などは異議申立てを検討することになる。

自賠責保険への異議申立ての是非を導くには，当該案件の適切な後遺障害等級が何級何号かを検討できている必要がある。

改めて，自賠責保険へ提出した後遺障害診断書・画像資料・経過診断書・診療報酬明細書を確認し，望ましい等級を確認すべきである。

望ましい等級の判断を得られなかった場合，後遺障害認定結果の別紙を見な

がら，まず考えるべきなのは，「何が理由で非該当となっているか」である。見るべきポイントは，狙うべき後遺障害等級と認定結果次第ではあるが，以下，順に解説したい。

(1)　異議申立てのポイント

自賠責保険への異議申立ての手続自体は何度でも可能であるが，何度異議申立てをしようが，新たな医証を添付するか，調査事務所の事実認定についての誤りを具体的に指摘する等しなければ，結論が変更されることは考えがたい。しっかり，客観的新証拠に準拠した異議申立てをする準備をしたい。

逆に考えれば，依頼者がどれだけ自賠責保険への認定に不満を持っていたとしても，客観的新証拠を準備できないのであれば，自賠責保険における認定のステージは「終わっている」ため，示談交渉や訴訟等の次のステージに進むようにアドバイスし，視点を変えて案件の針を進めるように勧めるべきである。

自賠責保険は，異議申立てを行うとほぼすべてのケースで，異議申立理由と関連する医療機関への医療照会を検討する。

したがって，認定結果から想定される争点について，事前に先回りして主治医へ医療照会・医師面談を実施し，意見書や医療照会回答書を取り寄せておくことは有益な準備活動となる。

(2)　具体的検討 1 （非該当認定による総論）

では，具体的事例検討を交えながら，異議申立ポイントを解説していきたい。

まずは，むち打ち症状における非該当認定の場合である。認定理由を見てみたい。

【事例 a】

非該当理由が以下のとおりである事例。
「被害者の○○捻挫後の疼痛の症状について，提出の画像上，本件事故による骨折等の明らかな外傷性変化は認めがたく，診断書等からも自覚症状を裏づける

> 客観的な医学的所見に乏しいことに加え，その他受傷態様，治療状況等も勘案した結果，将来においても回復が困難と見込まれる障害とはとらえがたい」

　そもそも，非該当とは，（料率機構が）依頼者の自覚症状は「将来においても回復が困難ではない」と判断したということである。

　上記認定文のように，非該当認定では，はじめに他覚的所見による裏づけがない（証明できない）と結論づけて13級以上の該当性が否定された上で，依頼者の自覚症状を①受傷機転，②治療経過（状況），③医学的要因の3つの要素から将来における回復困難性を検討し，14級9号に該当しないと判断する流れである。

　つまり，調査事務所に「将来において回復が困難である」と思わせる作業が，異議申立てにおいて必要になるのである。

　上記3つの要素を前述している14級9号の考慮要素に引き付けて言い換えると，①受傷機転とは「依頼者は後遺障害が残存するほどのダメージを受けていたのか」という事故態様，②治療経過（状況）とは「受傷機転に対応する自覚症状が一貫して訴えられており，自覚症状に対する適切な治療を症状固定まで継続して受けていたのか」という事故直後の症状，その後の症状の推移，治療内容，治療期間，治療頻度，③医学的要因とは「証明までには至らないものの，依頼者の残存症状が医学的に説明可能か否か」という画像所見や神経学的検査結果ということになる。

　14級9号への異議申立てとは，既述の14級9号の考慮要素を再度整理して目に見えない残存症状を浮かび上がらせる作業になる。

　では，どのように各要件を補強するかを見ていこう。

①　受傷機転

　上記事例aでは，認定理由に「受傷機転」が挙げられている。このような場合には，先述のとおり，「依頼者は後遺障害が残存するほどのダメージを受けていたのか」という受傷と後遺障害との間の相当因果関係を調査事務所に疑問

視されたことになる。

　後遺障害請求時，「事故発生状況報告書」が必須書類になるが，そもそも同書面には，被害者請求前に，依頼者が「事故当時にどのような態勢・姿勢で，どのような衝撃を受け，どのような症状がいつ生じたのか」を大切にした文章が作成されていることが望ましい。

　その上で，刑事記録や物損資料に準拠し，どのように依頼者が身体にダメージを受けたのかを明確に異議申立書へ記載したい。

　以下に，参考となる立証例を挙げておく。

・「受傷機転」

　資料を確認し，受傷態様を適切に記載したい。車両の破損状況・相手方車両と依頼者の速度および車両の大きさ（重さ）・依頼者の転倒の有無・物損（衣服・所持品等）の破損状況が，非常に参考になる。

・「受傷機転が複数ある場合」

　異時共同不法行為や，相手方との衝突後に路面へ転倒し身体を強打したなど，短時間で複数の受傷機転があったことは指摘したい。

・「医師の意見」

　物損が少額である場合などは，当該事故態様から依頼者の症状が生じることについて肯定的な意見書が作成できれば有益である。

　②治療経過（状況）および③医学的要因については，別の事例でみてみよう。

【事例b】

> 　非該当理由が以下のとおりである事例。
> 　「被害者の○骨骨折後の疼痛については，提出の画像上，骨折部の骨癒合は得られており，自覚症状を裏づける客観的な医学的所見に乏しいことに加え，その他症状経過や治療状況も踏まえた結果，将来においても回復が困難と見込まれる障害とはとらえられない」

　上記事例の場合には，骨折案件（骨が折れるほどの衝撃を受けた）であるため，受傷態様は問題とされていない。そのため，必要な作業は，②治療経過（状況）の補強と③医学的要因の補強である。

②　治療経過（状況）

　まずは，実治療日数を確認し，医療機関の開業日のうち何日通院していたかを検討したい。相当高頻度の通院がある（2日に1日は通院しているなど）場合には，依頼者が相当程度の自覚症状を訴えていた証左として，実通院日数をアピールしたい。

　さらには，治療内容において，継続的な消炎鎮痛薬の投薬，神経ブロック注射およびペインクリニックでの治療など，相当な苦痛がなければ医師が実施しない治療がされている場合には，異議申立書に記載をすべきである。

　なお，料率機構への必須書類ではないが，症状固定日以降の治療実績の有無も重要になる。依頼者が健康保険を利用するなどして，症状固定日以降にも通院治療を継続していた場合は，当該領収書や診療明細書は必ず異議申立時に提出したい。依頼者が自費でもなお治療を継続せざるをえない状態そのものこそが，将来における回復困難性を判断するための重要な情報になるからである。

③　医学的要因

　まずは，依頼者の医療検査結果（XP，MRI等）について，再検討したい。むち打ちの場合には，MRI撮影の事実を摘示することで十分と考えられるが，事故前から被害者に存在していたものの無症状であった頸部の年齢性変化（変性所見：脊柱管狭窄，椎間板膨隆，椎体骨棘形成等）の存在は確認して主張しておくべき点である。

　また，事例のような骨折事案では，認定結果に「骨癒合は良好」「骨折が判然としない」等と記載されていても，料率機構の担当顧問医が，骨折箇所や関節面の不整等の所見を見落としている場合が多数存在する。もしも経過診断書や後遺障害診断書で骨癒合の不整の所見を指摘してくれているならば，その指

摘した医師に直接医師面談などで確認し，画像上の根拠の指摘を受け，その旨を異議申立てで主張するべきである。

　その上で，依頼者に残存した症状が，当該所見からどのような医学的メカニズムで生じているのかについてを異議申立書へ記載（場合によっては医療照会等を実施し，医師の意見を添付）するのが望ましい。

　また，将来における回復困難性の立証という意味では，後遺障害診断書の予後欄や上記医療照会等に明確に「回復が困難」等の記載があるのであれば，依頼者を長期間診断した主治医が当該症状を回復困難と判断したことについて，異議申立書に記載しておきたい。

　以上の3つの要素を意識した異議申立書の例を紹介する（次頁参照）。

自動車損害賠償責任保険

後遺障害等級認定に対する異議申立書

令和2年8月1日

■■■■■■■■■■■　　御中

〒

TEL
FAX
弁護士法人サリュ　銀座事務所
弁護士　平　岡　将　人

　　過日，貴社より通知のありました下記当事者の後遺障害の等級認定（資料1：
認定票）について，次のとおり異議申立をいたします。

　　被害者氏名　　　■■■■■■■　氏
　　事故年月日　　　令和1年9月15日
　　自賠責証明書番号　■■■■■■■■■■

第1　異議申立ての趣旨
　　　被害者が本件事故により負った頚椎捻挫に伴う「頚部痛」の残存症状（資
　　料2：後遺障害診断書）は，自賠法施行令別表第二第14級9号に該当する。
第2　異議申立ての理由
　1　受傷態様
　　　本件事故は，被害者が自家用普通乗用車を運転して赤信号停車中，後続
　　の相手方車両に追突され，その衝撃で前方第三者車両に追突したものであ
　　る（資料3：交通事故証明書，資料4：実況見分調書）。
　　　その衝撃は，衝突箇所である被害者車両後方及び前方が大きく損傷し，
　　同車両のフレーム部分である右リヤメンバまで及んでいること（資料5：
　　車両写真報告書），同車両の修理費用が約100万円と高額であること（資
　　料6：修理見積）からすると，相当に強度のものであった。
　　　このとおり，本件事故当時被害者の頚部に加わった衝撃は，被害者に上

記症状を生ぜしめ，残存させるに十分なものであった。

2　症状及び治療の推移

（1）事故直後の症状

　被害者は，本件事故直後から頚部痛を自覚し，翌日早々に整形外科に通院して頚部痛を訴えた。症状は，当日頚椎カラーで固定を要する程度に強いものであった（資料7：事故当月の診療報酬明細書）。

（2）症状及び治療の推移

　その後，被害者は一貫して頚部痛を訴えて治療を継続し，リハビリテーション，内服及び外用の消炎鎮痛薬処方を受けた（資料8：診療報酬明細一式）。

　また，症状が軽快しない原因を把握するため，令和1年12月にはMRI撮影も行っている（資料9：診療報酬明細書）。

　被害者は，症状固定までの約6か月半の間で整形外科へ50日通院して上記治療に努めたが，その甲斐なく令和2年4月2日に至り症状固定となった（資料2）。

（3）症状固定後の通院

　なお，被害者は，症状固定となった後も3か月以上に亘り消炎鎮痛処置，内服薬処方による治療を自費で継続している（資料10：診療費明細書）。

3　他覚的所見

　令和1年12月6日撮影の頚椎MRIでC4／5／6で椎間板膨隆による脊柱管狭窄が認められている（資料11：診断書）。

　このことは，本件事故による外圧を契機として無症状であった被害者の頚部に神経症状が生じた可能性を強く示している。

4　結論

　以上のとおり，①被害車両の損傷状況からすると本件事故の際に被害者の頚部に相当強度の衝撃が加わったこと，②事故直後から頚椎を固定したこと，③事故直後に発現した頚部の症状がその後一貫して継続したこと，④被害者が事故後症状固定までリハビリ及び投薬治療を半年間以上に亘り継続したこと，⑤被害者が症状固定後も自費でリハビリや投薬による治療を継続していること及び⑥MRI画像上頚部に変性所見が認められること等を総合的に考慮すると，被害者の頚部の症状は，自覚症状を裏付ける客観的な医学的所見に乏しいということはなく，将来においても回復が困難といわざるをえないことから，別表第2第14級9号に該当する。

　したがって，本件被害者の後遺障害等級は，第14級9号である。

以上

(3)　具体的検討2

　本書のテーマである頸椎捻挫等の14級9号とはずれるが，応用編としてそれ以外のケースを記載する。必要に応じて参考にしてほしい。

【事例c】

> 　○○靭帯，○○靭帯損傷後の○関節痛について，「提出の○○関節画像上，本件事故に起因する骨折・脱臼や明らかな靭帯断裂は認められ」ないと理由を付し，その後遺障害等級評価が14級9号に該当すると判断。

　この事例では，料率機構が否定している靭帯損傷が，本当に画像上確認できないのかを丁寧に調査することが必要になる。調査方法については，画像読影は高度な専門知識であり，主治医等の医師を頼るほかない。

　なお，この事例のモデルとなったサリュの案件では，画像の確認を医師と行った結果，MRIにおいて靭帯から造影剤が漏れ出している像が確認できたため，当該画像を指摘したところ，12級13号が認められている。

(4)　具体的検討3

【事例d】

> 　手指のしびれ，疼痛，感覚鈍麻等の症状については，「後遺障害診断書上「正中神経」障害と診断されているが，提出の画像上，○骨骨折の骨癒合は得られており，また，提出の診断書や検査資料を検討した結果，前記症状を他覚的に裏づける神経損傷は明らかでないことに加え，その他症状経過や治療状況も踏まえた結果，将来においても回復が困難と見込まれる障害とはとらえられない」との理由により，非該当と判断した。

　このような場合には，まず料率機構に否定された神経損傷を立証することが重要になる。神経損傷の立証方法は多岐にわたるため専門の医学書に譲るが，

　注意すべきなのは，仮に，神経損傷そのものの立証に失敗しても，神経損傷の存在が医学的に説明可能な状況であれば，14級9号に該当する可能性はあるということである。

　そのため，異議申立書の構成としては，想定等級を狙いつつも，仮に他覚的所見が疑わしい場合であっても14級9号の獲得も視野に入れるという2段構えを取るのを忘れないようにしたい。

　なお，事例のモデルとなった事案では，神経損傷の立証資料である神経電導検査結果を医学的知見とともに指摘し，関節内骨折が疼痛残存の発生機序であることを異議申立書にて指摘した結果，**併合12級**が認められている。

(5)　具体的検討（因果関係否定）

　自賠責保険は，依頼者が症状を，事故から1週間程度（最短事例では5日）後に訴えている事例や，受傷当初に具体的診断名や治療を欠く事例，事故軽微な事例について，事故と治療（および後遺障害）の相当因果関係を欠くとして，非該当を導くことがある。

　事故により頭部を強打し，救急搬送され絶対安静が続いた後に，起き上がることができるようになった時になって初めて頚部痛を訴えた，症状は訴えていたがより重いほかの傷病がメインで記載されているというように，記録上は事故からしばらく経過した後に症状が出ているように見えるケースである。

　衝撃が頭部に加わった場合において，その衝撃は頚部にも加わったことは自明であるにもかかわらず，自賠責保険は，書類上の記載を重視するため，受傷当初に頚部痛の訴えがなかったとして，因果関係を否定するのである。

　このような場合，経過診断書や診療報酬明細書等の通常の資料では，事故直後の傷病名や症状が記載されていない。

　そのような場合は，診療録や問診票などを入手し，事故直後に症状を訴えているかを調査した上で，異議申立書に記載するほかない。

3　異議申立後のその先

　自賠責保険への異議申立手続を解説してきたが，自賠責保険から満足する結果を得られず，かつ，追加する医証がない（ある場合には，再度異議申立てを検討する）場合は，その後の選択肢として，①認定獲得を諦める，②**一般財団法人自賠責保険・共済紛争処理機構へ紛争処理申請をする**，③**訴訟提起**の3つが考えられる。

⑴　認定獲得を諦める

　依頼者が，等級獲得を断念する場合はさておき，どうしても納得できないとなると，後記⑵か⑶を選択することになる。

　なお，依頼者には，しっかりと料率機構の判断結果を分析した上で，今後の見通しを丁寧に説明するべきである。

⑵　紛争処理申請

　この紛争処理申請は，経験から述べると，画像所見の有無について，料率機構とは別の医師に判断してもらいたいというような理由のある場合を除き，頸椎捻挫では悪手となってしまうことが多い。

　紛争処理申請の調停結果は，自賠責保険を拘束し，かつ，異議申立てを認めない。しかしながら，その結果を前提に訴訟に移行すると，裁判所は，自賠責保険や紛争処理機構の結論を重視する傾向にある。そのため，依頼者に不利な判断がなされた場合には，当該結果が訴訟で重要視される結果，訴訟を提起しても後遺障害に関する結論を逆転させることがより困難になる。

　また，紛争処理機構の構造自体にも問題がある。すなわち，紛争処理申請のあった紛争を調停するのは，複数名の調停委員なのだが，その人選に，料率機構出身で自賠責保険と同じ枠組みでしか事案を判断しない委員や弁護士等が選ばれているのである。

　あくまでも，我々による紛争処理申請結果の概観であるが，紛争処理機構は，自賠責保険による判断を変更するつもりがない前提なのかと疑うような調停結果が出ることが多い。非該当から後遺障害14級9号を目指して申請した調停結果において，自賠責保険よりも厳しい判断基準を立てているのではないかと疑うケースが多い。たとえば，紛争処理機構は，14級9号の回復困難性の判断において，回復困難足らしめる画像所見を必要としていると考えられるのだが，この時点でそれがなくとも14級9号が認定されているケースの多い自賠責保険の基準より厳格である。

　サリュにおいても，画像所見がないケースで，紛争処理申請で自賠責保険の結論が変更された事案はほとんどない。

　また，被害者の関節面の不整という明らかに疼痛の原因となる画像所見を認めながら，当該所見は回復困難性に乏しいという，どのような医学経験則を使用したのか理解不能な結論を導いた調停結果もある。

　依頼者の関節面に不整が残っているということは，依頼者の関節には，一生，疼痛の発生原因が存在するということである。これが，将来における回復困難性でないとすれば，何が紛争処理機構のいう有意な所見であるのか甚だ不明である。ちなみにこの事案では，その後訴訟を提起し，裁判所において後遺障害が認められている。

　このように，紛争処理機構が事案に真剣に向き合わず，結論をあらかじめ決めているのかと疑わざるをえないような結果を出した事案を幾度も経験してきた。

　紛争処理機構の存在意義が何なのか，改めて考えてもらいたいところである。

各論6

■━━━━━━━━━━━━ 示談交渉 ━━━━━━━━━━━━■

　我々弁護士が交通事故事件に介入する以上，損害賠償請求時に使用すべき基準は「裁判基準」である。言うまでもなく，これは裁判を前提とした基準であるから，あくまで原則的な事件解決方法は裁判ということになる。

　それでは，なぜ多くの14級9号事案で示談が成立するのだろうか。それは，双方に「訴訟をした場合のリスクを回避したい」という動機があるからである。そして，うまい示談交渉となるか否かは，このリスクをどれだけ正確に把握・算定できるかにかかっている。

　「訴訟をした場合のリスク」は大きく2つある。

　1つ目は，事件長期化のリスクである。民事訴訟の平均審理日数は約9カ月であり，判決にまで至るケースに絞れば1年を超える。交通事故事件では，症状固定後，後遺障害の認定手続を経て，示談交渉の段階に至るまでに数カ月は優に経過しているから，そこからまた1年となると，双方ともに人的・物的資源の負担は看過できないものになる。

　2つ目は，獲得額減少・支払額増大のリスクである。誰しも負ける裁判はしたくないものである。本書が前提としている後遺障害14級9号相当の事案の損害総額を考えれば，1つ目のリスク回避は双方ともに強く望むものといえるだろう。したがって，14級9号事案の示談交渉にあたっては，2つ目のリスク算定が肝となる（以下において，「訴訟リスク」というときは，2つ目のリスクのことを指すことにする）。

　このリスク算定にあたっては，裁判で認められやすい費目とそうでない費目を正確に把握しておく必要があり，その度合いに応じて交渉方法を考えなければならない。被害者にとって訴訟リスクの低い費目については，ある程度強気

な交渉をすべきであるし，逆に，訴訟リスクが類型的に高い費目については，可能な限りの材料を集めて工夫を凝らすことが重要である。また，それと同程度に重要なのは，和解ラインを決めておくことである。交渉で認めさせることが困難な事項について，示談交渉を長期化させてしまっては，示談で終結させるメリットが失われかねない。以下において，この訴訟リスクの観点から各費目の交渉方針を示したい。

1 通院慰謝料

　治療期間が相当なものである場合（頚椎捻挫ないしは腰椎捻挫の場合は，相当な治療期間は概ね6か月と考えておけばよい），裁判においては赤い本基準の満額が認められる場合が多い。つまり，こちらが負う訴訟リスクは低い費目ということになるから，強気な交渉ができる。

　とはいえ，赤い本基準（訴訟基準）を訴訟ではない示談交渉で満額認めることには対人社も難色を示すことも多い。他の賠償費目とのバランスもあるが，赤い本基準の9割以上であれば，早期解決のための示談ラインに乗ったと考えてもよいだろう。

　もっとも，通院回数が少ない場合には注意が必要である。いわゆる3倍ルールの適用を主張されるからである（3倍ルールについては赤い本を参照されたい）。対人社とは，「通院が長期に及んでいる」「いや長期ではない」と平行線の不毛な議論が交わされることになる。

　そもそも傷害慰謝料基準が見直された経緯（赤い本2016年下巻参照）からすれば「慰謝料算定のための通院期間は，その期間を限度として，実通院日数の3倍程度を目安とする」という文言が削除されている以上，通院期間が慰謝料算定の基礎となるのが原則である。

　交渉限りでは，対人社が3倍ルールを主張したら撤回させるのは簡単ではないが，基準見直しの経緯を担当者が知らないこともある。

　明らかに3倍ルールの適用が不当な場合には，毅然とした態度で対応してほ

しい。

2　休業損害

　休業損害は，基礎収入の算定と，休業期間（日数）の問題に大別される。

　前者の基礎収入が争点となる場合，どこまで裁判で立証できるかの見込みが重要である。

　後者の問題，休業期間については，いつまでの休業が妥当かの必要性の評価が重要である。

　裁判において，休業の必要性については比較的詳細な主張と立証が要求されるため，被害者側にとって訴訟リスクの高い費目であるといえる。

　対人社としても強気な態度で臨んでくる場合が多いため，工夫が必要である。「このケガだから，相場としてはこのくらい休業が必要だ」などという一般論を主張しても意味はない。当該被害者の具体的な症状と，具体的な業務内容に着目した主張を行わなければならない。たとえば，被害者の傷病名が腰椎捻挫で，職種がシステムエンジニアだったとしよう。これは，典型的に休業損害の支払を渋られる類型である。腰が痛くてもデスクワークはできるだろうという理屈だ。しかし，その被害者の業務内容が，顧客企業に出向いて，ほぼ一日中立ちっぱなしで行うシステムの保守・点検作業であった場合どうだろうか。このことを，被害者の陳述書の形でまとめて提出するだけでも結果が変わる場合がある。しかし，このようにこちらに有利な材料が見つかる場合ばかりではない。類型的に訴訟リスクの高い費目であることは先述のとおりであるから，和解ラインの設定は必要である。

　依頼者によって事情が異なるため一概には言えないものの，一応の目安を示すと，頸椎捻挫等の場合，長くとも3カ月程度であろう。

　14級9号を獲得した主婦の場合は70から100万円，非該当主婦の場合は50万円といったところであろうか。

③　後遺症慰謝料

　類型的に最も訴訟リスクの低い費目といえる。裁判に持ち込めば，特殊な場合を除いて，ほぼ赤い本基準の満額が認められる。よって，強気な交渉に向いている。少なくとも 9 割だろう。

④　後遺障害逸失利益

　一般的に，最も訴訟リスクの高い費目の 1 つである。

　後遺障害の内容によって，逸失利益がどの程度認められるかは異なる。後遺障害の中には，逸失利益が認められにくい類型のものもある。

　以下は14級 9 号について述べる。

　14級 9 号の労働能力喪失率は 5 ％で計算をする。14級 9 号の後遺障害が認められることを前提事実として，将来の逸失利益は 5 ％であるとの事実上の推定のような機能を持っている。

　実際のところ，我々も数えきれないほどの14級 9 号事案を扱ってきたが，症状固定後に事故前年比できれいに 5 ％収入が減った人など見たことがない（もっとも，それ以上に収入が減った人や，失業した人も大勢いる）。

　裁判になった場合，比較的争われやすいのが逸失利益の労働能力喪失率や喪失期間である。

　たとえば，症状固定後の源泉徴収票の提出が求められる場合が多く，そのとき，収入が減っていない，むしろ増収しているとの事情から，後遺障害が労働能力に影響していない，との主張立証がされるのである。

　もちろん，そのような場合においても，本人の特別な努力の結果である場合や，本来の昇給ペースを維持できていない場合等は有効な反論の余地はある。

　なお，減収が生じていない事案のほとんどの場合において，被害者が就労に困難と支障をきたしていることは事実であり，特別な努力ないしは忍耐によっ

て生計維持に努めていることがほとんどである。

　ここで忘れてはならないのは，逸失利益とは，事実上の減収のみが損害となるわけではなく，労働能力の低下による労働市場価値の低下（転職の際の不利益や昇進の可能性の減少）等も損害と考えるべきであるということである（学説としては諸説ある）。

　話が若干逸れたが，後遺障害逸失利益については対人社も強気な主張をしてくる場合が多いため，説得的な交渉材料を用意する必要がある。

　具体的には休業損害の交渉のときと同様に，被害者の具体的な業務内容と症状に着目した主張を行うのに加えて，後遺障害による業務遂行範囲の限定が生じた等の事情については，依頼者からよく聴取し，場合によっては勤務先に協力してもらい，立証資料を準備しておくことも必要となる。

　よほど苦しい事情がある場合はともかく，そもそも頸椎捻挫による14級9号の労働能力喪失期間は5年と制限されているわけだから，それ以上に示談で期間制限をされる理由はなく，基本的には満額で認めさせたい損害費目である。

＊　　＊　　＊

　以上，各費目の訴訟リスクに着目して交渉指針を示した。訴訟前示談の場合，費目ごとの譲歩というものもあるが，依頼者の希望，訴訟リスクを考慮して決着額を毎回決めていくほかない。

　特に，訴訟では想定外のリスクが顕在化することもあるから，どうしても納得いかないことがある場合にのみ訴訟に踏み切るべきだと考える。

　そして，最後に最も重要なことを付け足しておきたい。それは，交渉相手も同じ人間だということを忘れないということである。

　人間であるから感情がある。感情があるから，腹の立つ相手に譲歩はしたくない。そんなものである。したがって，堅苦しい法律論を上からまくしたてても上手くいかないことのほうが多い。交渉は裁判ではないのだ。相手も同じ人間なのだから，早く帰りたいだろう。早く帰りたいのに，あなたがまくしたてた法律論を，根拠もわからないのにパソコンで打って印刷して上席のところに持って行きたくはないだろう。こちらの主張をわかりやすくまとめて，気の利

いた根拠資料をあらかじめ送付しておけば，上席に掛け合ってみようかとなるかもしれない。示談交渉こそ，法律家の持つ想像力を最大限に活かす場なのだ。

各論7

-------------------- 手続選択 --------------------

1　はじめに

　交通事故事件を治療期間中から受任した場合，ときに悩ましい選択肢に直面することがある。我々も，多くの交通事故事件を手掛けながら，日々悩んでいる。

　以下，よくある悩ましい場面ごとに，どのようなことを我々は考えるのかを説明し，読者の事件処理に少しでも参考になればとの思いから解説することにする。

2　軽微物損のときに治療を継続させるべきか？

(1)　自賠責保険の判断の傾向

　自賠責保険の傷害に関する保険金額は120万円までであるが，すべての治療費が120万円の上限に達するまで保険で対応されるわけではない。

　近時の自賠責の判断傾向には，物損の程度と治療期間がアンバランス（物損が軽微なのに治療期間が長い）な場合には，すべての治療費について相当因果関係を否定するという特徴がある。

　治療費の相当因果関係が否定されると，依頼者の生活への影響が大きい。当初は対人社が治療費を内払していたが，後になって，自賠責保険が相当因果関係を否定したために対人社が治療費の回収ができなくなると，対人社または加

害者は，被害者に対して治療費の返還を求める不当利得返還請求訴訟を提起してくることもある。

(2)　治療を継続するべきか

　自動車事故で車両の修理代が数万円単位の軽微物損である場合，(1)のリスクを踏まえると，対人社に言われるがまま，もしくは，対人社から治療費の打ち切りがある前の段階で，対人社の内払による治療を早々に終えて示談手続を行うという手法も選択肢に入ってくる。

　万が一，自賠責保険で治療費の相当因果関係を否定する判断が出てしまうこともあるが，この場合に訴訟においてこれを覆すのは至難の業である。

　したがって，軽微物損の事件の場合，治療を続行すべきか否か，依頼者にリスクをきちんと伝えた上で方針を選択すべきである（むしろ，しっかり伝えないと依頼者との信頼関係が危うくなるだろう）。

　もちろん，重要なのは修理代の額そのものではなく衝撃の大きさであるから修理代の金額だけであきらめてはいけない。サリュでも，物損の修理代が10万円程度でも受傷機転を立証して14級9号の等級認定を獲得した事案もある。

3　医師との相性や治療内容の変更を理由とした転院を認めるべきか？

(1)　転院の一般的なデメリット

　症状固定日や後遺障害の判断においては，事故当初からの継続的な治療経過が重要な資料となる。

　事故から時間が経ってから診察をした医師は，初診病院と比較して，事故時の症状を詳しく知らないし，初診時の医療記録も確認しないまま治療を継続していることもある。

　その結果，治療は行ったものの，事故によるケガかは不明だからと，後遺障

害診断書の作成を拒否する病院も存在する。また，対人社としても，転院してさらに治療期間が長くなるリスクを考え，治療費打ち切りの機会としてくることも多い。

　依頼者が，弁護士に，医師との相性を理由として，転院について意見を求めてくることは多いが，上記のような後遺障害診断時でのデメリットを伝えた場合に，多くの依頼者は，転院の判断について再考することが多い。

(2)　合理的な転院

　一方で，以下のように，損害賠償交渉上，合理的な転院もありうる。

① 　初診病院が緊急性の高い患者のみを対応し，リハビリはほとんど実施しない病院である場合
② 　被害者の仕事などの理由で，初診病院の開業時間に通院ができない場合
③ 　何らかの理由で生活圏から離れた病院が初診病院となってしまっている場合
④ 　専門病院へ転院する場合

　①ないし③は，患者から転院したい旨を医師と対人社に伝えれば，理解されることがほとんどである。転院するのであれば，(1)で触れたデメリットも考慮すれば，なるべく早い時期がよい。

　④は，症状によっては，ときに悪い結果となることもある。一般的に，症状の原因がはっきりしている傷病については，その治療の専門病院に転院することは理解が得られることがほとんどである。しかし，たとえば，原因がわからない症状については，原因解明を求めて転院をしたとしても，やはり原因がわからないことが多く，病院ごとに異なる検査結果が出たり，症状が変化したりすることもあり，これがかえって自賠責14級9号の認定の考慮要素である症状の一貫性を否定する事情として取り上げられることもある。

　こうした場合，原因を解明したいという患者の思いには配慮すべきである

が，現在の主治医の治療を中断するのではなく，主治医の下で継続治療を受けながら，セカンドオピニオンとして専門医院（病院）を受診するといった守りの治療も必要となる。専門病院が適正な判断をするために，初診時の医療記録は積極的に転院先と共有していくべきであろう。

4　整骨院の治療について依頼者や対人社にどのように対応するべきか？

(1)　未払になっていないかをまず確認

　整骨院での施術は，整形外科での治療に比べて体に効果があると実感している交通事故被害者は非常に多い。

　しかし，整骨院での施術料は整形外科での治療費に比べて高額であることも多く，対人社と施術料の支払をめぐって争いになる（争いになっている）ことも多く，後遺障害認定にも有利にはならない（自賠責保険が病院での診察やリハビリを重要視しているため）。

　したがって，我々としては基本的には整骨院の治療は推奨していない。

　とはいえ，依頼者のなかには体が楽になるから，病院は仕事帰りや休日に開いていなくて通えないから，整骨院に通っているという依頼者もとても多い。このような事情から，依頼者が整骨院に通院している場合には，施術料が未払になっていないかを真っ先に確認する必要がある。

(2)　依頼者への説明

　近時の対人社の対応としては，主治医が整骨院の併用を認めている場合には，内払に対応しているケースも多い。しかしながら，内払段階で施術料の支払をしていたとしても，対人社の内払は，労災保険の療養費等と異なり，費目間拘束がないため，訴訟等で結果的に相当因果関係が否定された場合には，慰謝料等の賠償費目からも既払いの施術料が控除され，結果的に，手元に残る賠償金

が減少するという訴訟リスクを常に抱えることになる。

　依頼者の金銭的な賠償面だけを考えれば，整骨院の利用を積極的に推すことはできないが，依頼者の目的が施術にあるのであれば，依頼者との信頼関係を構築するためにも，整骨院の施術に関する医師の指示や同意を書面で獲得するといったような，訴訟リスクを減らす努力をすべきであろう。

　なお，整骨院は後遺障害診断書を作成できないことや，整形外科での治療費より高いことを依頼者が知ると，整骨院の利用について再考する依頼者も多い。

(3)　対人社への対応

　対人社による内払は法的権利ではなくサービスと考えられている。したがって，対人社との協議では，整骨院の回数を絞ったり，施術部位を限定したり，利用期限を合意するといった折衷的な協議を行うことも有効である。

5 　確定申告書と異なる収入状況で消極損害を主張立証していくべきか？

(1)　申告額と異なる立証をすることの是非

　自営業者から，休業損害や逸失利益の請求において，確定申告と異なる収支で交渉してほしいと頼まれることも多い。

　この点，申告額と異なる金額で賠償の交渉をすることが信義則違反ではないかと，交渉に躊躇する弁護士もいるかもしれない。

　我々は，堂々と裁判で申告額が誤っていることを立証している。

　損害賠償は実損の填補であるから，申告額と実損額が一致していなくとも，実損額の立証ができれば，これを請求していくべきである。これにより依頼者が不利益を被るかどうかは，依頼者の選択である。

(2)　立証方法

　自賠責保険では，自営業者の休業損害については，確定申告の所得額にかかわらず，1日5,700円で計算される。小規模の自営業者の場合，自賠責保険の金額のほうが実損額より高いこともありうるので，自賠責保険の枠（120万円）が余っているのであれば，手堅く自賠責保険から休業補償を受け取ることが重要である。

　対人社または加害者に対してさらなる賠償請求をするには，実損額を証明する証拠が必要となる。

6　自賠責保険への異議申立てや紛争処理申請を継続するべきか？，すぐに訴訟を提起するべきか？

　自賠責保険が行った後遺障害等級の判断に不服がある場合，異議申立てや紛争処理申請などの書面での不服申立手続を行うか，いきなり訴訟を提起するかという方針の選択が必要となる。

　まずは，自賠責保険の等級の分類を正確に把握することが必要である。その上で，当初の後遺障害の申請において検査不足や説明不足があった場合には，書面での不服申立てを継続するべきであろう。

　必要な検査や自覚症状が漏れているというだけで，過小な等級評価がされているということは多々あることである。

　異議申立てをすると，異議申立ての結果が変わらなかったとしても，当初の認定理由に比べて数行ではあるが，非該当となった理由が追記される。

　その記載から，検査不足や説明不足が見つかれば，これを追加して，さらに異議申立てや紛争処理申請をしていくことになる。

　検査不足や説明不足ではないが，認定された等級が実損と不釣合いである場合には，訴訟提起をしていくことになる。

　たとえば，顔面の醜状障害が2センチの線状痕である場合，自賠責非該当は，

検査不足や説明不足ではなく，基準の問題である（線状痕は3センチ以上が必要）。

　このように，基準の当てはめは間違っていないが，損害がゼロではない場合には，訴訟が有効となる。実損と不釣合いになる例としては，たいした症状もない既往症による「加重」による処理によって等級が変動するケース，画像所見の見方（特に外傷性がどうか）に医師間の争いがあり非該当となるケース，時系列的には事故前後で身体症状の差が顕著であるにもかかわらず画像所見がなく非該当となるケース等がある。このようなケースでは，適正な後遺障害の認定のために，積極的に訴訟を検討することになる。

7　示談で終了させるべきか？，訴訟を提起するべきか？

　賠償金額に大きな影響を与える大きな争点としては，後遺障害の等級とこれに応じた逸失利益の計算方法，休業損害が大きい場合の症状固定時期，過失割合等である。なかでも，後遺障害等級が一番大きな変動要素となることが多い。

　我々としては，自賠責保険のおける後遺障害認定は，一面では不当に被害者に厳しい面を有しながらも，12級以上の等級認定についてカルテの提出がない状況下での限られた資料を前提とした，やや甘い等級認定がされることもあると考えている。

　当然のことながら，裁判所は，自賠責保険の等級判断に拘束されない（事実上自賠責保険の等級が上限にはなっているが，下限にはならない）。

　したがって，訴訟の決断をする場合には，等級変動の訴訟リスクがどの程度あるのかを検討し，依頼者にしっかりとリスクを伝え，協議した上で，決断するべきである。

　我々が依頼者によく伝えることは，「裁判になると，医療記録をすべて取られて，予想できない訴訟リスクが生じるので，どうしても納得いかない点があるときだけリスク覚悟で訴訟に踏み切る判断をしてください」ということである。

各論 8

■——————— 労災保険・人身傷害保険 ———————■

1 交通事故と各種保険

(1) セカンドオピニオンの相談にて

　近年は，ウェブで法律事務所の情報が容易に取得できる結果，法律相談が容易になっている。

　そのためか，すでに弁護士に依頼中であるが，相性が悪いのか，それともきちんと説明をしてくれないのか，方針に疑問を抱いてセカンドオピニオンを他の弁護士に求める相談者も多くなっている。

　我々も，他事務所依頼中の方からの方針相談を受ける機会は相応にある。こうしたほうがもっとよいのに，と思うことが仮にあったとしても，相談を受けた弁護士の義務として，知識を相談者にきちんと説明した上で，「依頼中の先生とよく話して納得いく方針でやったらよいですよ」と助言するにとどめ，今がチャンスとばかりに事件を奪い取るようなマネはしていない。

　ただ，比較的問題だと思うことがあるとしたら，人身傷害保険の理解について，根本的に誤った理解をしている弁護士がいることだろう。このような場合には，即座に今の方針を改めて，別のやり方をとったほうがよいと助言せざるをえないこともある。

(2) 保険利用のコンサルタントとして

　交通事故の「保険」というと，自賠責保険や対人社を通常は指すが，実は人

身傷害保険，健康保険，労災保険とさまざまな保険が存在している。交通事故
被害者側の弁護士には，依頼者が適切に保険を利用するように，助言するコン
サルタントとしての役割もある。

　以下では，労災保険と人身傷害保険について，基本的な知識について述べて
いきたい。

2　労災保険の意義と使い方

(1)　交通事故事件における労災保険の利用

　まず，労災保険とは，労働者が業務上の事由または通勤が原因で負傷した場
合等に，被災労働者を保護するために必要な保険給付を行うものである。

　具体的には，療養補償給付（治療費），休業補償給付（休業損害）および後
遺障害等級に応じた各給付（障害補償年金，障害補償一時金）が主なものである。

　基本的に労働者を1人でも雇っている事業主は，この労災保険に入っていな
ければならないものである。

　また，労災保険が適用される場合には，健康保険は使用できないことも注意
が必要である。

　労災保険は，イメージどおり労災事案に使われる保険であるから，会社とし
ては労災事案が生じていることは隠しておきたい事情である。そのため，「健
康保険で通ってくれと会社に言われている」や「労災は使わないと言われた」
という相談者も多い。そのような場合は，労災保険を使うのは労働者の権利で
あることを案内するとよい。

　それでも，会社が労災対応を拒む場合，労働基準監督署に直接相談するよう
に案内をするとよい。労働基準監督署が手続を開始してくれるからである。

　なお，これはあくまで原則論であり，会社との関係性を最優先に考える相談
者に対して，労災保険の利用を無理強いする必要は全くないことは言うまでも
ない。

(2)　労災保険を利用した場合の診療報酬

　交通外傷で病院にかかる場合，原則的に自由診療扱いとなる。この場合，診療報酬点数 1 点当たりの報酬を病院側が自由に決めることができる（1 点当たり20円程度に設定している病院が多い）。一方で，労災保険を使用すると，この 1 点当たりの報酬が12円に固定されるため，治療費を半分程度に抑えることができる。ちなみに，健康保険を使うと，1 点当たり10円に固定される。

　人身傷害保険を使用する場合，多くの約款において労災保険または健康保険のいずれかの使用が条件とされている。しかし，実務上は，自由診療でも人身傷害保険金の支払が受けられることがほとんどである。先述のとおり，労災保険の使用を拒む使用者が多く，事実上労災保険が使用できない被害者が多いことへの配慮であろう。

(3)　労災保険を使う場面

　交通事故被害者の多くが最初に抱く不安は，対人社による治療費と休業損害の支払の打ち切りに関するものである。この点，労災保険の制度は，労働者保護の趣旨から設けられたものであるから，主治医がその必要性を認めている限り，療養補償および休業補償の給付が簡単に打ち切られるということはない。

　したがって，被害者の生活保護の観点から，労災保険が優れている場面がある。

　また，被害者にも過失がある場合は，労災保険の利用を案内すべきだろう。

　対人社が医療機関へ治療費を支払う場合，一括で治療費全額を病院へ支払うが，最終的な示談の段階で被害者の過失分を控除する。そのため，治療期間が長期に及んだ場合や，手術・入院を伴う場合など治療費が高額となるようなケースでは，最終的に過失割合によって自己負担となる治療費が高額になってしまう。結果，対人社に先払いしてもらった治療費の自己負担部分も高額となり，本来もらえるはずの慰謝料がほとんどもらえなくなってしまうようなことも珍しくない。このような事態を避けるために，労災保険を利用して，1 点当たり

の診療報酬を安くし，治療費を抑えるという選択肢が出てくる。

⑷　治療期間中～症状固定までの注意点

　加害者が無保険である，被害者の過失割合が相当程度大きい等の場合には，まず労災保険の利用を検討することになる。

①　証拠収集

　労災保険の療養（補償）給付申請を行って治療する場合，自賠責保険における被害者請求で必要となる自賠責様式の経過診断書は作成されていない。そのため，主治医に別途作成してもらう必要がある。

　同時に，診療報酬明細書は病院から労災保険に提出されているため，労働局に対して治療および調剤に関する個人情報開示の手続を取り，これらの書類を取り寄せる必要がある。

　取寄せのためには，支給決定を行った労働基準監督署がある都道府県の労働局長宛の保有個人情報開示請求書に必要事項を記載し，手数料の印紙を貼付して各労働局の総務部総務課に提出する。

　その後，情報の公開決定通知が依頼者に届くので，その記載に従って本人に交付手続を行ってもらうか，公開決定通知を本人から取り寄せ，同封されている「保有個人情報の開示の実施方法申出書」を指定窓口に，所定の郵券とともに送付することで取り寄せることができる。

②　リスク

　労災保険を利用した場合のリスクについて触れておく。

　労災保険には，費目間拘束などによるメリット（後述）や，治療をある程度長くみてくれるなどのメリットがあるが，一方でリスクもある。

　労災保険での治療が長期化したが，対人社は数か月しか治療を認めないような場合等は，慰謝料の額や，労災保険からの求償を対人社が拒否する等して，紛争の解決が難しくなることがある。

　また，対人社から債務不存在確認訴訟を提起されると，自賠責保険は認定を止めることがあるため，後遺障害をめぐって紛争がより長期化することもある。

　したがって，仮に労災保険での治療を選択する場合でも，治療終了日をいつにするかは，よく依頼者と話し合うべきである。

(5)　後遺障害申請の注意点

①　基本構造

　労災保険における後遺障害申請の手続は，所定の様式の書類を作成し，障害（補償）給付申請を行うことから始まる。日程調整の上，労働基準監督署において被害者が嘱託医の診断を受ける。この診断の際には，被害者が画像を持参することになるが，即日労働基準監督署でコピーが取られ，その日のうちに本人へ返却されることになる。

　これに対して自賠責保険の手続は，被害者請求の審査が終わるまで画像の返却はない。そして，自賠責保険の審査中は，労災保険の障害（補償）給付の申請を行っても，労災保険の手続は進まない。労災保険の障害（補償）給付の審査中に自賠責保険の後遺障害申請を行っても，労災の手続が事後的に停止することはない。

　したがって，すべての手続を短期間で終了させるためには，労災保険の障害（補償）給付申請を行い，労災保険の結果を待たず，画像が返却されたら自賠責保険に被害者請求を行うことである。

②　時　効

　療養（補償）給付，休業（補償）給付については，発生の都度2年で各々時効消滅する。障害（補償）給付については，治癒日（症状固定日）から5年で時効消滅する。

③　労災保険先行時の実務上の問題点

　被害者が労災保険における障害（補償）給付申請を先行させようとするときに，労働基準監督署の担当者が「自賠責保険利用の先行」を指示するケースがあるが，労災保険先行と自賠責保険先行のどちらを選択するかは最終的には被害者が決定できるとされている。労災保険先行利用を強く主張して手続を進めてもらうことである。

④　労災保険における後遺障害等級の自賠責保険における認定への影響

　経験上，一般的には労災保険における後遺障害等級のほうがより高い等級が認定されやすいが，自賠責保険はあくまで自賠責保険独自の調査，評価により等級を決定するため，労災保険の後遺障害等級に左右されることはない（現に，自賠責の認定理由書にその旨付言される。なお，裁判所も労災保険より自賠責保険を重視する）。

　相談者が，労災保険ではこの等級だったから，自賠責保険でも，ということはよくあるが，きちんと受任時にそんなことはないと説明しておくべきである。

⑤　労災保険と自賠責保険の認定基準の相違

ア　高次脳機能障害

　労災保険では，労災必携記載の4能力（意思疎通・問題解決・作業負荷に対する持続力持久力・社会行動）の喪失程度で判断するが，自賠責保険では，画像・意識障害・症状で判断する。

イ　脊髄損傷

　労災保険では，労災必携記載の「高度」「中等度」「軽度」の「四肢麻痺」「対麻痺」「単麻痺」の組み合わせで判断するが，自賠責保険では，脊髄症状判定用の数値で等級の目安が定められているようである。

ウ 露出面の醜状（手のひら大で14級該当，2分の1程度以上で12級準用）

　労災保険では，肘関節以下および膝関節以下だが，自賠責保険では，肩関節以下および股関節以下が対象である。露出面以外になると「ほとんど全域」等の要件になる。

エ 労災保険の認定内容の確認方法

　労災保険は，後遺障害認定内容を自賠責保険の認定別紙のように記載したものを送付してくれない。決定通知において，等級の数字と金額が届くだけである。認定内容の詳細を確認するためには，該当する労働基準監督署を管轄する労働局に個人情報開示請求を行い，「補償給付実地調査復命書」を取得して等級認定の理由を確認する必要がある。

　⑥ その他

　損害賠償先行の場合の労災保険支給（障害（補償）年金等）の支給調整の問題があるが，知識の問題であり特にノウハウもないので，本書では触れない。

(6) 損害額計算の際の注意点

　労災保険を利用した場合に理解しておかなければならないのは，労災給付のどの費目が交通事故損害賠償から差し引かれるのか，損益相殺の問題である。

　まず，入通院慰謝料や後遺症慰謝料は，労災保険では給付されないから関係ない。

　休業（補償）給付の「特別支給金」や障害（補償）給付の「特別支給金」も，損益相殺の対象とならない。

　問題となるのは，療養給付（治療費），休業給付（休業損害），障害給付（後遺障害逸失利益）の取扱いである。

①　前提知識

ア　費目間拘束

　療養（補償）給付は，基本的に治療費調剤費からのみ損益相殺される。休業（補償）給付および障害（補償）給付は，休業損害および逸失利益からのみ損益相殺される。

イ　過失相殺と損益相殺

　過失相殺後に損益相殺される。この点で健康保険による治療費給付と異なる。

②　治療費（積極的損害）

　まずは，いくら労災保険から支払われたのかを確認するために，労災保険による療養（補償）給付額を前述の個人情報開示による給付内訳書（診療報酬明細書）の取得により確認しよう。

　次に，実際に支払った治療費等の合計額を過失相殺し，その後の額から上記給付額合計を控除することになる。

　過失相殺後の治療費合計額より療養給付額が多い場合には，超過した金額をその他の費目から控除する必要はない（加害者への請求上，この費目の損害額は0円となる）。このことは，思いのほか知られていない知識であるので特に注意してほしい。

③　休業損害（消極的損害）

　労災保険による休業（補償）給付額は，①本人に通知される休業（補償）給付支給決定通知をもらうか，②個人情報開示による休業（補償）給付支給決定書を取得するか，③各労働基準監督署への支給通知再発行または支給金額照会により把握する。①がない場合に③は最も早い方法であるが，各労働基準監督署によって手続がさまざまであるので，本人から労働基準監督署を確認の上，手続方法を問い合わせることをお勧めする。

④　逸失利益（消極的損害）

　労災保険による障害（補償）給付額は，①本人に通知される障害（補償）給付支給決定通知をもらうか，②個人情報開示による障害（補償）給付支給決定書を取得するか，③各労働基準監督署への支給通知再発行または支給金額照会により把握する。③は休業（補償）給付と同様各労働基準監督署へ手続の確認が必要である。

⑤　その他

　加害者へ請求する損害額計算では，上記②〜④を行った上で，過失相殺を行ったその他の慰謝料額等と合計し，そこから対人社や自賠責保険からの既払金を控除する。その残額が請求額となる。

　なお，訴訟の場合には，自賠責保険金は確定遅延損害金から先に充当することや，さらに労災障害（補償）年金が支給される労災7級以上の場合には，損益相殺の対象となる障害（補償）年金が口頭弁論終結時までに支給が確定された分までの合計となることに注意が必要である。

③　人身傷害保険の意義と使い方

⑴　人身傷害保険とは

　交通事故の被害者が加入している特約で，事故により負傷した場合に，契約の内容によって算定された保険金を受け取れる保険である。損害賠償請求とは異なり，あくまでも契約に基づく支給であるため，その支給条件や金額は契約の内容によって異なる（条件がよいほど，日々の保険料が高いはずである）。また，人身傷害保険を使用すると，毎月の保険料は上がるのかという点であるが，ほとんどの場合，人身傷害保険を使うだけでは保険料は上がらない契約になっている（これに対し，対物・対人保険を使うと保険料が上がる契約内容になっていることが多い）。

⑵　人身傷害保険の使い方

　人身傷害保険は，その使い方によっては，過失割合の負担があったとしても，被害者の損害填補を100％または限りなくそれに近い水準に高めることができる。

　なぜならば，人傷社から支払われた保険金は，被害者の過失割合減額部分に先に充当されるからである（裁判基準差額説）。

　ただし，被害者に過失があるか否か，また，人身傷害保険金と対人社からの賠償金のいずれを先に受領するかによって大きく結果が異なるため，注意が必要である。

①　被害者に過失がない場合

　この場合は，人傷社と対人社，いずれが先でも差異はない。

　もっとも，人傷社の損害算定基準は，概して対人社のそれよりも低く設定されている場合が多い。したがって，人傷社から先に保険金を受けた場合，対人社に対して不足分を請求する必要がある。

　ただ，2度の請求が必要であるため時間が余計にかかる。したがって，普通は過失がない場合に，人身傷害保険の請求を先行させない。相手方が自賠責保険にしか加入していない等，そういった場合に限られるだろう。

②　被害者に過失がある場合
ア　人身傷害保険金から先に受領する場合

　このパターンでは，被害者の得られる損害賠償額を最大化しようとすれば，ほぼ確実に裁判を経る必要が生じる。その理由について，具体的な例を挙げて説明する。

　被害者の損害が裁判基準で100万円，人傷社基準で50万円だとしよう。過失割合は，被害者3：加害者7だとする。この場合に，人傷社に先行請求をすれば，基準の50万円が支払われる。

　その後，対人社に請求した場合，20万円を支払う旨の回答が来るのが通常である。

　しかし，結論から言えば，人傷社から50万円を受け取った後に対人社に50万円を請求できる。つまり，損害が100万円，過失3割であれば，70万円しかもらえないはずが，人身傷害保険を利用すれば100万円もらえることになるのである。

　現在の運用に従えば，人傷社から支払われた50万円は，先に被害者の過失部分（3割部分の30万円）に充当され，加害者との関係で損益相殺の対象となるのは，残額20万円だけである。したがって，対人社は，70万円から20万円を差し引いた50万円の支払をする必要があり，被害者は，人傷社から支払われた50万円と合わせて100万円の支払を受けることになる。結果として，全損害の填補を受けられるのである。

　しかし，なぜか示談交渉ではこのようにはいかない。なぜだろうか。

　それは，対人社の担当者が訴訟基準差額説を知らない場合が多いということに加えて，先に述べたように，人傷社が，被害者に対する保険金の支払をした時点で，自賠責保険に対して本来の範囲を超えて求償し，それが支払われてしまっているという現実があるからだ。

　対人社も，本来自賠責保険に求償できる部分をすでに人傷社に取られてしまっている以上，理屈どおりに支払っては結局損を被るのは自社である。

　本来保険会社間で調整すればよい話であるが，この自賠責保険の取り合いの結果，示談でうまくいかずに被害者の不利益となっているのだ。

　このように，人身傷害保険金を先に受け取った場合は，損害すべての填補を受けようとすれば，裁判が必須となってしまうことがほとんどである。

　以上，人身傷害保険金の受取りを先行させた場合の原則論を述べたが，もちろん，これは損害の完全な填補を最優先する場合の話である。被害者が何よりも早期解決を望んでいる場合は，別の解決の仕方もあろう。もっとも，その場合においては，裁判回避のメリットを最大限強調し，1円でも多くの賠償額を引き出したいものである。

イ　対人社から先に受領する場合

　結論から言うと，この場合も全損害の補填を最優先しようとすれば，訴訟が必須である。先ほどの例で言えば，まず，対人社から70万円を回収する。そして，人傷社に対して30万円を請求するのだが，そのとおりに支払われることはない。なぜなら，人傷社は独自の損害算定基準を設けているからである。

　先ほどの例で，人傷社の基準でいえば，そもそも50万円しか払わなくてよいのであるから，対人社から70万円が支払われれば，もはやそれ以上支払うものなどないのである。

　したがって，基本は人傷社に先行請求するのがセオリーである。

　もっとも，このような人身傷害保険の不合理な計算方法に対しては批判が多く，現在では多くの人身傷害保険の約款において，「裁判または裁判上の和解」を経た場合は，保険金支払の際の損害の算定基準は，そこで決まった結論に従う条項が追加されるようになっている（読替規定）。この条項があれば，裁判で総損害額が100万円となれば，ここから対人社の既払い70万円を差し引き，30万円が人傷社から支払われる。

　よって，冒頭に述べたとおり，完全な損害填補を実現しようとすれば訴訟を提起する必要がある。

ウ　過失払条項

　現在では多くの人身傷害保険約款において「過失払条項」なるものが設けられている。これは，人傷社の基準で算定した総損害額に被害者の過失割合を乗じた金額が支払われるというものである。この条項のよいところは，加害者に対する求償権が生じないため，加害者との間で損益相殺の解釈問題が生じない，ゆえに裁判を経る必要がないというところである。

＊　＊　＊

　以上，人身傷害保険を使う各場面に応じて，必要最小限の解説を行ったが，改めて，人身傷害保険を使う際の指針を示したい。

- まず，約款の取寄せが最優先である。必ず，詳細に確認・検討してから方針を立てるべきである。
- 被害者が無過失なのであれば，対人賠償を先行して受け取ってよい。
- 相手方が無保険である場合は人身傷害保険金を先行して受け取ったらいいだろう。相手方からの回収可能性を心配して医療機関の受診を躊躇する等，もってのほかである。
- 時間がかかっても損害填補の最大化を目指すなら，裁判を経るべきだろう。約款は確認すべきだが，裁判の覚悟があるのであれば，人身傷害保険からの保険金と相手方からの賠償のどちらから先に受け取ってもよい。
- 被害者の過失割合が少ない場合または早期解決優先の場合は，過失払条項を利用するのがよい。

③人身傷害保険

都築：令和元年8月7日に福岡地裁で重要な判決が出ましたが，当然，もう読んでいますね？

新人弁護士：も，もちろんです！

都築：それでは，説明してもらいましょうか。

新人弁護士：はい。まずは，事案の概要を説明させていただきます。

都築：簡潔にね。

新人弁護士：わかりました。この事案は，被害者の側にも過失がある事案です。被害者は，先に人身傷害保険金の支払を受け，その後，損害の全額を回収すべく加害者に対して訴訟提起したという事案です。

都築：そうですね。この事案では，どのようなことが問題となりましたか？

新人弁護士：この事案では，保険金を支払った人傷社が，本来の求償権の範囲を超えて自賠責保険に対して求償し，それが支払われてしまいました。

都築：ちょっと待ってください。本来の求償権の範囲とは何ですか？　裁判基準差額説という言葉を用いて説明してもらえますか？

新人弁護士：はい。まず，裁判基準差額説とは，人傷社が加害者に代位請求できる範囲についての最高裁判決で採用された考え方です。結論から言うと，被害者が人傷社から先行して保険金を受け取った場合において，当該支払額のうち，被害者の過失部分を超える額に限り対人社との関係で既払金として扱われるという考え方です。

都築：かなり簡略化しましたね。でも間違ってはいませんよ。続けてください。

新人弁護士：人傷社がこの求償額の範囲を超えて自賠責保険に求償し，超過回収してしまう事案について，裁判例の多くは，裁判基準差額説の趣旨を貫徹するために，超過回収をしてしまったとしても，その超過分について加害者側の既払いとして扱わないとしてきました。これを不当利得容認説といいます。

都築：なるほど。それを具体的な数字で説明できますか？

新人弁護士：もちろんです。今回の事案でいうと，総損害額は，344万1,698円で……。

都築：いやいやいや，こういうときは数字を丸くするものです。

新人弁護士：あ，すいません，総損害は，340万で……。

都築：300万でいいから（怒）。

新人弁護士：総損害は，300万円で，被害者の過失は3割です。被害者は，まず人傷社から人身傷害保険金として100万円を受け取りました。裁判基準差額説の結論に従えば，この100万円は，被害者の過失分90万円を超える部分が人傷社の加害者に対して取得する求償権の範囲となりますので，10万円に限られるはずです。

都築：そのとおりですね。ところが，本件で人傷社は，それを超えて100万円全額を自賠責保険に求償し，その全額が支払われてしまった。そういうことですね？

新人弁護士：おっしゃるとおりです。

都築：しかし，それは本件に限らず，よくあることですよね？

新人弁護士：はい。しかし，今回の判決では，超過して人傷社に対して支払われた90万円も含めて，100万円全額が被害者に対して支払われた既払金として控除されたのです。

都築：従来はどうだったんですか？

新人弁護士：本件のような事実関係の下では，加害者との関係で既払金として控除されるのは，人傷社の本来の求償権の範囲である10万円に限られていました。したがって，本件被害者は，総損害300万円から過失3割に相当する90万円を控除され，その後に先ほどの10万円が控除され，結局，裁判で200万円を獲得できるはずでした。そして，人傷社から受け取った100万円を合わせると，損害全額を回収できたことになるはずでした。

都築：なるほど。しかし，今回は，自賠責保険から人傷社に支払われた100万円全額が控除された結果，被害者が裁判で獲得できたのは，110万円にとどまったということですね。

新人弁護士：そのとおりです。

都築：しかし，福岡地裁は，いったいどのような理屈でこの判断に至ったのですか？

新人弁護士：はい，判旨を要約すると次のようになります。
①被害者が人身傷害保険金を先行受領した際に，人身傷害保険金に自賠責保険部分が含まれるとの合意があった。
②その上で，協定書で，原告が人傷社に自賠責保険金請求権を含めた損害賠償請求権を移転する旨の合意がなされていた。
③原告が自らの意思により自賠責保険金請求権を移転させた以上，その請求（人傷社の代位請求）は原告の請求と考えるべきであり，それに応じた自賠責保険金の支払は加害者である被告の支払と評価できる。

都築：なるほど，協定書の文言解釈から結論を導いたわけですね。この原告は控訴したと聞いていますが，控訴審の判断は当然知っていますね？

新人弁護士：も，もちろんです！　高裁も原判決を維持しました。

都築：よく調べていますね。しかし，このような判決が出てしまうと，裁判所が，裁判基準差額説や不当利得容認説をとって被害者に損害全額の填補を可能とした道を閉ざすことになりかねないと思いませんか？

新人弁護士：そう思います！

都築：はい……。それでは，この判決を前提として，被害者の損害全額を回収しようとすると，どのような手段が考えられますか？

新人弁護士：そうですね。3つほど方法が考えられます。

都築：3つもですか？　聞かせてもらいましょうか。

新人弁護士：はい。
①人身傷害保険金を先行受領する場合は，事前に自賠責保険金満額を回収して

おく。

②人身傷害保険金を先行受領する際は，定型の協定書から賠償請求権移転に関する文言の削除を求める。

③人身傷害保険金受領の際は，被害者の過失分に自賠責保険の残枠分を上乗せした額で協定を結ぶ。

という方法が考えられます。

都築：甘い。メロンに練乳をたっぷりかけて，それをおかずにしてハーゲンダッツを食べるくらい甘い。

新人弁護士：……。そんなに甘いですか……？

都築：まず，②と③ですが，せっかくこんな判決が出たのに，人傷社がそんな協定に応じると思いますか？

新人弁護士：確かに……。

都築：それから，①ですが，こんな事案で考えてみたら，あなたのメロンのような甘さがよくわかるはずです。

総損害が300万円。被害者の過失は4割。人傷社算定の総損害額は200万円。この事案であなたは，自賠責保険から限度額120万円全額を回収したとしましょう。この場合，被害者は損害の全額を回収できますか？

新人弁護士：えっと……。まず，人傷社は，私が回収した120万円を全額既払金として控除するでしょうから，80万円が保険金として支払われます。被害者の過失部分は120万ですから……あ，過失部分すら充足されません。

都築：そういうことです。先に自賠責保険から回収しきってしまうというのはよく考えましたが，損害額と過失割合によっては，そのような結果になってしまうのです。

新人弁護士：では，どうしたら被害者の損害全額を回収できるのでしょう？

都築：明日までにそれを考える。それがあなたの仕事です。

新人弁護士：はい！（汗）

（2分後・平岡弁護士の執務室）

新人弁護士：平岡先生，私は，メロンに練乳をかけて，それをおかずにしてハーゲンダッツを食べるくらい甘いのでしょうか？

平岡：ちょ，ちょっと待ってください。いったい何があったのですか？

新人弁護士：（経緯を説明）

平岡：それは大変でしたね。まあ，でも，都築先生も新人の頃は，モンブランに角砂糖を7個ほどトッピングしたくらい甘かったので安心してください。

新人弁護士：安心しました（もっと不安になった）。

平岡：それより，都築先生からの課題について相談にきたのでしょう？

新人弁護士：あ，そうでした。3つほど提案したのですが，どれも却下されてしまいました。

平岡：あのような判決が出てしまった以上，人身傷害保険金先行払いを経て満額回収を目指す，というのは現実的ではないかもしれませんね。もちろん，最高裁で覆る可能性はあります。が，対人賠償を先行させた上で全額回収をする方法はありませんか？

新人弁護士：そうですね……。加害者に対する裁判を経た上で，読替規定を使って人傷社から被害者の過失部分全額を回収する，という方法がありますが。

平岡：そうですね。よく勉強していますね。都築先生もメロンのように甘いは言い過ぎですね。せめてスイカでしょう。

新人弁護士：……。でも，先生，これでは，被害者が人身傷害保険に入った意味の多くは失われてしまいませんか？

平岡：よくそれに気づきましたね。人身傷害保険のよいところは，相手が無保険であったり，支払を渋ってきたり，そのような場合に，すぐに支払を受けられるというところにあります。しかし，先の判決を前提とすると，そのメリットを享受するということは，全額回収を諦めるということになりますね。

新人弁護士：では，どうしたらいいんでしょう？

平岡：それを考えるのが，今年のあなたのミッションです。

新人弁護士：はいっ（汗）

（2 分後・都築弁護士の執務室）

新人弁護士：平岡先生にも相談しましたが，それを考えるのが，私の今年のミッションということになりました……。

都築：今年？　私は，明日までにと言ったはずですが……。平岡先生も，モンブランのように甘いお方ですね。

新人弁護士：（それプラス角砂糖 7 個があなたです）

都築：わかりました。それなら，私たちがやるべきことは 1 つです。福岡高裁の判決をひっくり返す判決を獲りましょう。ちょうど先週，同種の裁判を 2 つ提起したところです。その主任弁護士は，あなたに任せます。モンブラン（山）のように高い志を持って臨んでくださいね。

新人弁護士：頑張ります！

第 **2** 章

後遺障害ごとの諸問題
（特に神経症状を中心に）

第1

14級の問題点

1　はじめに

　後遺障害等級14級9号を7つ残した依頼者を担当したときの話である。

　彼女は，高齢の母と2人暮らしで，彼女の収入で家計を支えて暮らしていた。いつものように自転車での帰宅途中，横断歩道横の自転車横断帯を走行していたところ，突如進行してきた四輪自動車にはねられ，自転車ごと路上に叩きつけられて，首，腰，右膝，左膝，左肩，右股関節，左肘の7カ所に傷害を負った。

　7カ所の傷害を負っての勤務は不可能であったため，彼女は休業を余儀なくされ，勤務先の会社もはじめのうちは復帰を待っていてくれたが，1か月，2か月……と時が経つごとに，「復帰はまだですか」「こちらも復帰できないなら新しい人を入れないといけない」などの話が出てくるようになっていった。

　彼女も，長年お世話になった会社であるので，これ以上迷惑はかけられないと考え，自ら退職を申し出た。

　その後症状固定を迎え，幸い骨折はなく，また，靭帯損傷の程度も大きくはなかったことから，後遺障害等級12級13号には至らなかったが，上記7カ所の疼痛が残存したことから，それぞれについて後遺障害等級14級9号の認定がなされることになった。

　対人社からの示談の提案は200万円程度であり，到底納得できる水準ではなかったことから，東京地裁に提訴した。

　東京地裁，東京高裁，最高裁と争ったが，結果として認められたのは，約

500万円である（7年分の遅延損害金や既払金約330万円を除く）。

　後遺障害等級14級で500万円というのは，交通事故事件を取り扱った経験のある弁護士であれば低い水準ではないと感じるかもしれないが，後遺症を7部位に残す彼女のケースにおいては，当然納得できる水準とはいえない。日本の司法や自賠責保険の考え方の根本に誤りがあると考えざるをえない。

　以下では，併合14級問題にまつわる自賠責保険や裁判所の問題について言及した後，そうしたおかしな問題を抱える現状においてどう戦うべきかについて言及し，最後に併合14級問題以外の問題点（逸失利益および素因減額）についても簡単に触れる。

② 併合14級問題にまつわる自賠責保険や裁判所の問題の内容

　判例タイムズでは，東京地裁民事第27部の見解として自賠責保険の認定と裁判所の認定について次のように述べられている。

　「自賠責保険で後遺障害等級のいずれかの等級に該当すると認定されている場合は，被告が当該後遺障害等級の認定内容自体を争わない場合も少なくないし，被告が認定内容を争う場合も，自賠責保険で後遺障害等級のいずれかの等級に該当すると認定された事実があると，特段の事情のない限り，後遺障害等級に見合った労働能力喪失率と慰謝料の額について一応の立証ができたと考えられるから，裁判所は，被告からの十分な反証のない限り，同様の等級を認定することが多く，効率的な審理を行うことが可能となる」。

　当該見解自体に問題はないが，実際の裁判所の運用は，最後の「効率的な審理を行うことが可能となる」という部分に力点が置かれすぎていて，何らの個別事案の考察もない機械的な運用がなされているのが実情である。

　東京地裁民事第27部について補足説明をすると，いわゆる「交通部」といわれるものであり，横浜地裁の第6民事部のような「集中部」ではなく，交通事

故事件のみを扱う「専門部」である。赤い本下巻講演録担当の裁判官も，すべて東京地裁民事第27部の裁判官であり，わが国の交通関係訴訟における解釈は同部が握っていると言っても過言ではない。

　その東京地裁民事第27部が，前述のとおり，自賠責保険の後遺障害等級の認定を重視し，それをもとに効率的な審理を目指していることに問題の根本がある。

　では，当の自賠責保険がどのような運用をしているかというと，自賠責保険は自賠法および自賠法施行令に基づいて運用をしている。自賠法施行令2条1項3号ロ～ヘでは，後遺障害が2つ以上存在する場合について規定しているが，これを見ると，後遺障害等級13級以上の後遺障害が2つ以上存在する場合には重い後遺障害についての等級の繰上げが規定されているのに対し，後遺障害等級14級の後遺障害が2つ以上存在する場合には後遺障害等級の繰上げがなされないということになっている。1つの後遺障害が14級でも，彼女のように7つの後遺障害が14級でも，いずれの場合も同じ14級として扱われるということである。

　比較法的に見ても，このような制度を用いているのはわが国のみである。

　フランスでは，たとえば，片側の低緊張性完全顔面麻痺の場合の後遺障害率（わが国での労働能力喪失率に相当）は5～15％，坐骨神経麻痺の後遺障害率40～45％など，神経症状であっても，その症状の部位別に後遺障害率を分けて規定していて，かつ，断定的な規定ではなく「○％～○％」というような形で幅のある規定の仕方をしている。また，上下肢の場合だと，たとえば，尺骨神経麻痺は利き腕の場合，後遺障害率20％，非利き腕の場合，後遺障害率15％と規定するなど，利き腕か非利き腕かによって後遺障害率を分けて規定している（以上，農協共済総合研究所『フランスの交通外傷医療査定－特に，査定医による医療査定』（農協共済総合研究所，2004年）296頁～297頁参照）。

　これに比べ，わが国の場合，局部の神経症状であると後遺障害等級12級13号か14級9号のいずれかに分類されるが（なお，CRPSのみ局部の神経症状であるものの例外的な取扱いを受けているが，ここでは割愛する），どの部位の後

遺障害であっても，利き腕の後遺障害であっても，一律に等級判定がなされることになっている。判断する側にとっては非常に優しい規定となっているが，実際の被害者の立場から見ると，後遺障害の部位や利き腕か否かなどの個別事情を一切排除して判定がなされるため，非常に厳しい規定となっていることがわかる。

　また，フランスでは，慰謝料も個別具体的に判断されている。具体的には，症状固定までの非財産的損害としては，①一時的機能損害（症状固定以前の生活の質・日常生活上の通常の喜びの喪失），②耐え忍ぶ苦痛（症状固定以前に被った肉体的精神的苦痛の全体），③一時的美的損害（症状固定以前の身体上の外見の変化）の3種類がある。また，症状固定以後の非財産的損害として，①永久的欠損（肉体的・精神感覚的・知的潜在性の決定的減少），②楽しみの損害（日常的なスポーツやレジャー活動の遂行不可能性に関連する特定の楽しみの損害），③永久的美的損害（症状固定以後の身体上の外見の変化），④性的損害（性器への侵害における外形上の損害，性的行為における楽しみの喪失・生殖困難に関する損害），⑤家族形成に関する損害（通常の家族生活の計画実現の機会や可能性の喪失），⑥例外的永久的損害（他の損害項目では考慮されない一般条項的なもの）の6種類がある。その他，症状固定が観念されないものの非財産的損害として，進行性の病気に関する損害（程度差はあれ短期間に症状が発生する危険を有する外的因子による感染の認識から生ずる損害）の1種類がある（以上，住田守道「フランス人身損害賠償とDintilhacレポート─非財産的損害の賠償が示唆するもの」社会科学研究年報40号（龍谷大学社会科学研究所，2009年）148頁参照）。

　これに比べ，わが国の場合，どのような痛みを被ったか，どんな趣味ができなくなったのか，事故前に考えていた家族の計画がどんなものであったのか等といった事情に裁判所が思いをはせることはむしろ稀で，入通院期間がどのくらいの長さだったか，後遺障害の等級は何級か，といった画一的な基準で慰謝料算定がなされている。

　また，スウェーデンの運用を見ると，複数の異なる機能喪失が同時に存在す

る場合は通常，累積割合総合評価制度が適用されている（自動車保険料率算定会　料率業務本部　調査研究部「海外調査レポート　北欧における自動車保険の現状」（自動車保険料率算定会，2001年） I－45頁）。すなわち，複数の障害がある場合，障害率Ａ％＋障害率Ｂ％×（100－Ａ）％という算式により，複数の障害の複合値を求めている。たとえば，膀胱（障害度35％）と直腸機能（障害度23％）に障害が残存した場合，35％＋23％×（100－35）％≒50％となる。3 以上の障害が残存した場合も同様にこの順番に算出する。

　彼女の例を，この累積割合評価制度に当てはめると，5 ％＋ 5 ％×（100－ 5 ）％＋ 5 ％×（100－9.75）％＋ 5 ％×（100－14.2625）％＋ 5 ％×（100－18.549375）％＋ 5 ％×（100－22.62190625）％＋ 5 ％×（100－26.4908109375）％≒30％となる（後遺障害等級14級 9 号の労働能力喪失率を 5 ％という前提で試算している）。

　わが国の場合，先に述べたとおり，後遺障害等級13級以上の場合であると，重いほうの等級を 1 ～ 3 繰り上げるといった単純な規定はあるが，後遺障害等級14級の場合であると，後遺障害が 1 つの場合と同様に扱うといった乱暴な規定になっている。

　そもそも「等級」というランク付けを行うこと自体問題であるし，諸外国でも珍しい体系となっているが，その内容も，実に画一的で，判定者の利用しやすい規定となっている。

　「等級」という概念は，損害賠償請求につき規定した民法には何らの規定はなく，本来的には，「等級」にとらわれずに，後遺症逸失利益や後遺症慰謝料等の個別の損害費目を算定するべきものであり，このように考えるのが比較法的にも支配的な立場である。

　以上が比較法的な分析であるが，わが国の後遺症についての運用をもう少し掘り下げて見ていく。

　慰謝料算定については，赤い本（2019年）上巻187頁～190頁でルール化が行われており，入通院や後遺障害等級を基準とした画一的な運用がなされているが，労働能力喪失率については，同書95頁において，さも個別具体的に判断するかのように記されている。具体的には，「労働能力の低下の程度については，

労働省労働基準局長通牒（昭32.7.2基発第551号）別表労働能力喪失率表（本誌上巻400頁参照）を参考とし，被害者の職業，年齢，性別，後遺症の部位，程度，事故前後の稼働状況等を総合的に判断して具体例にあてはめて評価する」とされている。

しかしながら，上記「労働省労働基準局長通牒（昭32.7.2基発第551号）別表労働能力喪失率表（本誌上巻400頁参照）を参考とし」の部分が，前述した東京地裁民事第27部の「効率的な審理」を行うという目的から，「参考」程度ではなく「原則」とされているのが実情で，その他の考慮要素である「被害者の職業，年齢，性別，後遺症の部位，程度，事故前後の稼働状況等」の事実を主張立証しても，この「原則」が覆らないことが多く，例外的に覆ったとしても，その変更幅はわずかなものである。

彼女の例では，労働能力喪失率7％という判決が下されたが，これは前述した累積割合評価制度で計算した30％には遠く及ばず，わずかな変更幅にとどまっている。おそらく後遺障害等級14級の労働能力喪失率は，上位の等級である13級の9％を超えることはできないという前提があって，14級と13級の「原則」の間を取って7％と判断されたのだと思われる。

最後に，自賠責保険の問題点と裁判所の問題点を整理する。

まず自賠責保険の問題点であるが，後遺障害が複数ある場合の処理について定めた自賠法施行令は，同法13条1項を受けて政令で定められたものである。

同法の目的は1条に規定があり，「この法律は，自動車の運行によって人の生命又は身体が害された場合における損害賠償を保障する制度を確立することにより，被害者の保護を図り，あわせて自動車運送の健全な発達に資することを目的とする」と定められている。北河隆之＝中西茂＝小賀野晶一＝八島宏平『逐条解説　自動車賠償保障法』（弘文堂，2014年）1頁によると，同法1条は，同法の目的を規定し，これによって，同法の運用および解釈上の指針を示すことを趣旨とするものであり，同法の主要な目的は，被害者の救済と位置づけられている。そして，同法13条の解説を見ると，自賠責保険金額は，基本保障の確保を考慮したものとされている（同書118頁）。

　前述のとおり，彼女の例のように後遺障害等級14級を7つ残す場合，累積割合評価制度（30％）と比較して，6分の1程度の賠償しか得られないのであり，後遺障害等級14級を複数残す場合であっても，単一の場合と同様に扱う同法施行令2条1項3号は，自賠法の趣旨に反するものである。

　我々としては，この併合14級に係る自賠責保険の問題と引き続き闘っていく予定であり，読者の方々にも，ぜひ問題点を共有していただいて，闘っていただきたい，もしくは，共に闘いたいと思っている。

　次に裁判所の問題点であるが，過度な画一的な運用は，裁判所自体の存在意義を失わせることになると提言する。諸外国との比較において，画一的な運用が行き過ぎており，現在のような運用を続けるのであれば，裁判官の判断を仰ぐより，AIの判断を仰ぐほうが，より被害者救済に結びつくのではないかとすら思える。

　入通院期間や自賠責保険の判断した後遺障害の等級を慰謝料算定の基礎とすることはよいが，さらに被害者の個別の精神的苦痛に思いをはせ，それを慰謝料額に反映させるべきである。

　また，労働能力喪失率については，「労働省労働基準局長通牒（昭32.7.2基発第551号）別表労働能力喪失率表（本誌上巻400頁参照）」を参考にする程度にとどめ，これを原則とすることをやめるべきである。

　1つの後遺障害が残った場合と，複数の後遺障害が残った場合とで，労働能力の喪失の程度に差が出ることの認識は当然の経験則といえるし，比較法的に見ても恥ずかしい判断をしていることを自覚するべきである。裁判所が個別具体的な判断をしてくれさえすれば，大量の事件を画一的に迅速に処理しなければならない自賠責保険の運用が現在のままであるとしても，救われる被害者は多く存在するはずである。

③　現状のルールの中での戦い方

　前述したとおり，ルール自体を変えることが第1であるが，現状，このルー

ルが支配してしまっているので，代理人としては，当該ルール内で戦わないといけない。

そこで，現状のルール内での戦い方を簡単に紹介していく。

(1) 自賠責保険との戦い方

まず考えられるのは，異議申立てや紛争処理申請により，後遺障害等級14級の判断自体を変えさせることである。後遺障害等級14級と12級の違いについては，次の第2に譲る。

他に考えられるのは，いわゆるダブルポケットやトリプルポケットの回収である。複数車両が絡む交通事故や，四輪車同士の事故の同乗者など自賠責保険を複数使えるケースが存在する。

このようなケースだと，自賠責保険の上限額が2倍・3倍と膨らんでいき，また，自賠責保険の後遺障害部分の損害計算は労働能力喪失期間を5年に制限するといったこともなく，他方で，提訴すると重過失減額などの自賠責保険独自のルールに裁判所が拘束されないため（最判平24.10.11集民241号75頁），労働能力喪失期間の制限や過失相殺（同乗者の場合は被害者側の過失の法理）によって減額されてしまい，自賠責保険のほうが高額になることがある。

ただ，以上の自賠責保険対策は小手先のものにすぎず，自賠責保険会社を被告として，自賠法施行令2条1項3号ロ～への規定改正を促すことが真正面からの闘い方である。

我々は，自賠責保険会社を被告として，自賠法施行令2条2項「同一の部位」の従来の解釈を変更させる判例を獲得し（東京高判平29.1.20自動車保険ジャーナル1966号），その結果自賠責保険の運用そのものを変更するに至った。

第1冒頭の事例では自賠責保険会社を被告とすることなく闘ってしまったので，また同様の事例を受任することがあれば，今度は自賠責保険会社も被告として闘うつもりである。

⑵　裁判所との戦い方

　第1冒頭の事例でも労働能力喪失率表どおりに5％にとどまるという判決にならなかったし，他の事例としても併合14級の事案で5％を超える判決・和解は複数存在する。累積割合総合評価制度のように大幅変更は認められないが（労働能力喪失率7％〜14％にとどまることが多い），実際の立証のポイントについていくつか紹介する。

①　就業先調査

　まずやるべきは，就業先への調査である。足を使って，就業先に赴くのが1番よい。そこで実際の作業現場を動画や写真に撮るなどして，被害者の負った後遺症の部位に負担のかかる作業がどの程度あるのかを視覚的に，わかりやすく報告書ベースで証拠化する。あとは，被害者の上司などにヒアリングをして，陳述書を作成してもらうという手段もある。これらは，被害者本人の陳述書よりも証拠価値が高いと思われ，これが決め手となって労働能力喪失率表より高い率で逸失利益を計算してもらえることがある。

②　業界団体調査

　業界関係の調査も有用である。弁護士であれば日弁連のように，業界ごとに業界団体のようなものが存在することが多い。それも1業界に複数の業界団体が存在することもある。当該業界団体に問合せをしてアポイントをとってヒアリングをし，当該業界において○○という部位に後遺症が残った場合の一般的な仕事への支障の程度について陳述書を作成してもらったり，それが頼めない場合は，電話で聴き取りをし，電話聴取書という形で弁護士作成の証拠を提出することもある。裁判に巻き込まれたくないという団体も多くあるが，なかには，同情してくれて親身になってくれる団体もあるので，試してみる価値はある。

③　業界関連書籍調査

　被害者の属する業界の仕事の内容を紹介した書籍や雑誌などが出版されていることもある。その場合は，当該書籍から，当該職業の具体的な体の動きなどを立証して，それと被害者の後遺症の部位・程度とをあわせて主張し，労働能力の喪失を裏づけていく。

④　医師の協力

　主治医をはじめとする医師の意見書も効果的である。証拠化の手法としては，尋問（書面尋問になることが多いと思われる），医療照会，意見書，診断書などがあるが，我々は意見書派である。この場合，○○という職業について，今回の後遺症で仕事に支障は出ますか？　等といったアバウトな質問をいきなり医師にぶつけるのは避けるべきである。手順としては，まず，上記①～③の調査で，仕事関係の体の動きを把握した上で，医師に当該業務の体の動きを説明できるようにしておき，その上で，医師面談の予約を取る。そして，医師面談の場で，写真等を示し，具体的な体の動きを説明した上で，医師に医学的に考えられる支障を聞き，事務所に戻ってから，医師から聞いた内容をもとに意見書案をこちらで作成して，病院に郵送かFAXかメールで意見書案を送り，訂正していただいた上で，完成稿を作成する。なお，１から作成してくれる医師もいるが，ほとんどのケースでは多忙を理由に意見書のたたき台の作成をお願いされる。

⑤　その他

　その他は，減収の事実，将来の昇進・転職・失業等の不利益の可能性，日常生活の不便といった事実を，事故前後の源泉徴収票や課税証明書の比較により立証する，就業先や本人の陳述書から立証する，同居家族の陳述書から立証する等の方法がある。

4　併合14級問題以外の問題点

　併合14級の問題以外の後遺障害等級14級の問題点，具体的には，労働能力喪失期間と素因減額について，簡単に紹介する。

(1)　労働能力喪失期間

　後遺障害等級14級の場合，労働能力喪失期間が 5 年に制限される例が多い。これは，赤い本（2019年）上巻95頁の「むち打ち症の場合，12級で10年程度，14級で 5 年程度に制限する例が多くみられるが，後遺障害の具体的症状に応じて適宜判断すべきである」という一文に端を発している問題である。交通事故事件の場合，提訴前に加害者側の対人社と示談交渉をするケースが多いが，対人社は，むち打ち症に限らず，「14級は 5 年」という固定観念に縛られている。また，第 1 冒頭の事例も，労働能力喪失率は 7 ％となったが，喪失期間は 5 年に制限された。裁判所もまた固定観念に縛られている。

　後遺障害というのは，そもそも永久残存性が要件となっていて，後遺障害等級14級の場合であっても，原則どおり終期は67歳（なお，平均余命や働く年齢が上がっている昨今の情勢の変化からすれば，この終期67歳というルール自体にも問題があると考えているが割愛する）または平均余命の 2 分の 1 とされるべきであり，慣れなどの問題で制限する場合は加害者側がその反証に成功した場合に限るべきであるが，現在の運用では，「14級は 5 年」とすることで，「効率的な審理」が図られている。

　たとえば，膝の場合，荷重によって負荷がかかり，後遺症を残してしまうと，今後の生活によって，より悪化していくことすら考えられる場合であっても，悪化の可能性については考慮せず，むしろ制限する方向で効率化が図られている。

　要は「損害の控えめな算定」という見地から考えられた効率化の手法で，併合14級問題と同じく，後遺障害の部位や仕事内容といった個別事情を考慮しな

い画一的処理が問題なのである。

　この点に関する戦い方も併合14級問題と同じで，業界を含む仕事関係の調査や，主治医の協力を得ながら，きめ細やかな立証をしていくほかない。

⑵　素因減額

　素因減額の問題は複雑であるため，後遺障害等級14級との兼ね合いにおいて簡単に指摘するにとどめる。

　素因として評価されるためには，それが身体的特徴にとどまらず，「疾患」に該当する必要があるとされている（最判平8.10.29民集50巻9号2474頁）。他方で，神経症状における後遺障害等級12級13号の認定要件としては，他覚所見による裏づけが必要とされていて，後遺障害等級14級9号の認定要件としては，他覚所見による裏づけは必要なく，症状の推移や治療状況などを考慮要素して判断がなされることになっている。

　ところが，実際の裁判実務では，交通事故被害と疾患とが相まって症状が発現した事例につき，一方で「疾患」に該当するとして素因減額を認めておきながら，他方で，後遺障害等級は14級9号とするといった内容の裁判例が時折散見される。

　「疾患」の内容が非器質性精神障害であったり，他覚所見と関係のない疾患であったり，出現症状と他覚所見との関連は不明であるが症状の発現自体には疾患が関わっているようなケースであれば考えられるが，他覚所見ある「疾患」であると認定しながら，後遺障害等級の場面では他覚所見なしとするのは論理的に破綻しているのではないかと思われる。

　もちろん，「14級前提の和解案なので素因減額はしません」などと言う裁判官もいるし，「原告が14級の主張にとどめるのであれば素因減額の主張はこちらもいたしません」などと言う対人社側代理人も多く存在することから，この問題については，併合14級問題や労働能力喪失期間の問題と異なり，多く見られる問題ではないが，稀に見かける事例ではあるので，注意を要する。

　こうした問題に出くわした場合の対処法は下記のとおりである。

・過去の治療歴からの素因減額を争う

　健康保険履歴から過去の通院歴を洗い出し，今回の事故の前に当該疾患（または身体的特徴）での通院歴がなかったことを立証する。

　仮にあった場合は，昔に通院歴はあったものの，最近は通院していない事実を立証したり，通院先の診療録を取り寄せ，事故後の症状より軽いものである等，事故後の症状と違うことを立証する。

・医師の協力を得て素因減額を争い，また，後遺障害等級を争う

　上記の調査が終わった後に，医師の協力を仰ぐべきである。対象となる医師は，今回の事故の診断にかかわった医師と，事故以前にかかわっていた医師である。

　椎間板のヘルニアであれば，事故前後の画像比較によって，椎間板の突出の程度などに変化がないのかを診てもらう。事故後のほうが突出の程度が大きい場合は，事故以前の椎間板ヘルニアは疾患に該当しないという方向で使えるし，事故後の椎間板ヘルニアは後遺障害等級12級13号の他覚所見に該当するという方向で使える。証拠としては，前述したのと同様，我々の場合は意見書作成でお願いしている。

　また，症状の違いがある場合も，意見書をもらうとよい。事故の衝撃によって症状が発現した，または，増悪したと書いてくれることは多い。

第2

12級13号と14級9号の分水嶺

1 はじめに

　頚椎・腰椎由来の神経症状の後遺障害で，14級9号を超える後遺障害等級としては，12級13号がある（脊髄損傷であれば9級以上も考えられる）。

　ここからは，14級事案なのか，それ以上の等級を目指すべき事案なのかについて解説したい。

　14級9号は，事故によって症状が生じたことを「説明可能」であれば認められるが，12級13号の場合，それが「証明」されなくてはならないとされている。

　ここで被害者側弁護士の最大の悩みは，どうなれば「証明」されているのか，という点である。料率機構はもちろん公表していないし，12級13号の認定ついて具体的に論じている書籍も少なくとも私は知らない。

　そこで，以下では我々の経験に基づいて導き出した12級13号の「証明」とは何かを述べていきたいと思う。

2 証明とは何か

　まず，12級13号獲得のための「証明」とは，2階建て構造であると考えてほしい。14級9号の考慮要素という1階部分の上の2階に，12級13号のための「トライアングル」が載っているというイメージである（この「トライアングル」については，後に詳しく述べる）。

　1階部分の14級9号考慮要素は，すでに述べたとおり，事故態様，症状の推

移，治療期間や頻度，治療内容等から，痛みなどの症状が残存していると十分に推定できるということである。特に12級（以上）という重度の神経症状が残存するほどに事故の起こり方が酷かったのかどうかという視点も重要となる。

　この14級9号の総合評価の上に，「トライアングル」つまり，①自覚症状，②神経学的所見，③画像所見の3つがそれぞれお互いに整合性を有していることが，12級13号の認定のために必要となるのである。

　これら3つが相互に整合性を有し「トライアングル」を形成しているかの判断をするためには，被害者の訴える症状を「神経根型」なのか，「脊髄症状型」なのかをまず区別することが有益である。

　どちら側に組み立てるのかによって，整合性を持たせるためにピックアップすべき自覚症状や検査結果が異なるからである（例：自覚症状は神経根型っぽいのに，脊髄症状型と整合する検査結果ばかり揃っていても，整合性はない，となる）。

　そこで，まずは，頚椎・腰椎由来の症状を「神経根型」と「脊髄症状型」に分類して解説することとしよう。

　神経根とは脊髄から分離する神経である。この神経根は，頚椎から体内へ伸びていく。頚椎から外へ出るにあたり，椎間板の膨隆や骨棘などによって圧迫を受け，脊髄から左右に伸びる神経根が障害されると，その神経の支配領域にさまざまな症状が出る。

　左右の神経根のどちらかが障害された場合，該当する側（片側）の上肢や下肢に出ることになる。

　主な症状としては，疼痛・放散痛・しびれ・感覚障害・筋力低下・腱反射低下等とされている。

　つまりは，片側の疼痛やしびれ等の症状であれば，まずは神経根型を疑うことになる。

　この神経根型であると，12級13号が上限等級となる。

　次に，脊髄症状型は，脊柱の脱臼や，骨棘，椎間板膨隆（後縦靭帯骨化症含む）などによる脊柱管狭窄のために脊髄が障害されて生じる。分離された神経

根ではなく，脊髄そのものが損傷するため，通常症状は両側に出て，損傷した部位が支配する領域以下にまで症状が出ることが多い。

　頻出する症状としては，両上肢または両下肢，あるいは両方のしびれ，手指の巧緻運動障害，歩行障害，感覚障害，筋力低下，腱反射亢進，膀胱直腸障害などである。

　この型であると，中枢神経障害として12級を超えて９級以上（中枢神経障害の場合，原則として９級以上となる）の可能性が出てくる。

　中枢神経である脊髄症状型で本来局部神経症状の等級である12級にとどまる認定がされる場合の認定理由は，「画像上輝度変化なく脊髄損傷との評価は困難，ただ脊髄圧迫所見あるので……」という形になることが多い。

(1)　神経根型

　では次に神経根型について詳しく見ていこう。

　簡単に構造のおさらいをしよう。

　頚部は椎体が７個重っている。頚椎と呼びＣ１〜７と表記される。同じように胸部は胸椎でTh１〜12，腰部は腰椎でＬ１〜５である。

　各椎体の間から（椎間），神経根と呼ばれる末梢神経が出て，体中に分布している。頚椎（Ｃ）からは神経根Ｃ１〜８，胸椎（Th）からは神経根Th１〜12，腰椎（Ｌ）からは神経根Ｌ１〜５が出ている。

①　症　状

　骨棘・椎間板膨隆等による圧迫のために神経根が障害されて疼痛・放散痛・感覚障害・筋力低下・腱反射低下等の症状が生じる。障害された神経根の支配領域（【図表４】デルマトーム参照）に出現するため，通常，片側の上肢か下肢に出ることが多い。

②　画像所見

　例として，MRIでＣ６／７の椎間板が左優位に膨隆して，左の神経根Ｃ７

を圧排しているような画像が確認できたとする。

　このようなケースだと，自覚症状としては頚部痛およびC7神経の支配領域である左中指付近に痛みやしびれがあり，他覚的所見としては上腕三頭筋腱反射（C7）の消失低下や左上肢（特に前腕）の筋萎縮が出ることがある。

　そのような場合には，神経根型として「自覚症状」と「画像所見」と「神経学的所見」の3つに整合性があり，「トライアングル」を形成できているので，12級認定だと言いやすい。

③　神経学的所見

　裏づけになりうる検査の種類は以下のとおりである。紹介する順に客観的な検査であり，この順で重視される傾向がある。

　前述のとおり，神経には支配領域がある。たとえばC6神経（C5／6から脊柱管を出て上肢に伸びる神経）は，上腕や手の親指側に感覚障害を起こし，上腕二頭筋や腕橈骨筋などでMMT（徒手筋力検査）や反射の異常を起こすとされている。

　以下，神経学的検査について列挙し，その後神経根型と整合する異常所見について記載する。

【神経学的検査】

・腱反射

　重要な検査。ハンマーで反射を確認する検査である。

　神経ごとに異常が出る腱反射が概ね決まっている。

　BTR：上腕二頭筋腱反射（C5）

　BR：腕橈骨筋腱反射（C6）

　TTR：上腕三頭筋腱反射（C7）

　PTR：膝蓋腱反射（L4）

　ATR：アキレス腱反射（S1）　　等

＋＋＋　　著明亢進

＋＋　　　亢進

＋　　　　正常

±　　　　低下

－　　　　消失

- 筋萎縮

　それぞれの筋肉の周径を計測し，左右差を確認する検査である。神経の異常により筋肉が細る程度を確認する。

- 病的反射

　中枢性の神経障害で出現するもの。神経根型では異常は出ない。これが陽性だと脊髄症状を疑う。

　　ワルテンベルグ反射

　　ホフマン反射

　　バビンスキー反射等

- MMT（徒手筋力テスト）

　重力の負荷がかかる肢位で他動的な関節可動域の最終点で最大の力を出してもらい，検査者が抵抗を加える検査である。

　強い抵抗に抗して関節可動運動が可能（5）とか，重力を取り除けば関節可動運動が可能（2）とか，0〜5までの6段階の基準が定められている。通常は5であり，4以下であれば筋力低下が起きていることを疑う。

- 巧緻運動障害

　手指の細かい動作ができるかどうかを見る検査である。脊髄症状型で異常が出る。

- 感覚障害

　　触覚：筆や毛

　　痛覚：針やピン

　　温度覚：試験管の湯・水

• その他
　ジャクソンテスト
　スパーリングテスト
　SLRテスト等

　上記の検査について，神経根型の症状に適合する検査結果は以下のとおりである。

検　査	神経根型
①腱反射	低下・消失（＋−，−）
②筋萎縮	支配筋肉で周径萎縮
③病的反射	
④MMT	支配筋力で低下
⑤巧緻運動障害	
⑥感覚障害	支配部位で障害
⑦その他	陽性

⑵　脊髄症状型

　脊髄症状は，脊柱の脱臼や脱臼骨折はもちろん，椎間板膨隆等（後縦靱帯骨化症（OPLL）含む）による脊柱管狭窄のために脊髄が障害されて生じる。

①　症　状

　症状は通常両側に出て，損傷した障害髄節以下の領域に出現する。たとえば，C5付近で脊髄が痛んだのなら，デルマトームの両上肢以下に症状が出る（と，整合的といわれる）。

　四肢麻痺・対麻痺・膀胱直腸障害等をはじめ，両上下肢のしびれ（両上肢のみ，両下肢のみも含む）・手指の巧緻運動障害・歩行障害・障害髄節以下の髄節に対応する部位の感覚障害，筋力低下，腱反射亢進等の症状が生じる。

②　画像所見

脊髄症状型の画像所見としては，脊髄損傷が画像上明らかとなっているもの（輝度変化があるパターン）と，輝度変化はないが，脊髄症状が出るのに十分といえるだけの圧迫が写っているパターンに分けられる。

【図表12】脊髄損傷（髄内輝度変化あり）

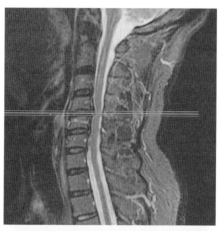

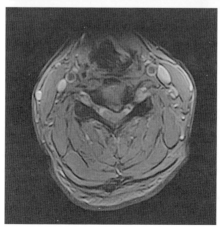

　頚椎 C 4 ／ 5 の後方の脊髄に，ぼやっとした白い部分が写っている。

　外傷性の頚髄損傷を示唆する画像所見である。ただし，輝度変化は急性期（長くて事故後 3 カ月程度とされる）を過ぎると描出されない可能性が高いため，どの時期に撮影された MRI なのか，確認が必要である。

　このケースなら，自覚症状として頚部痛および両上下肢に痛みやしびれがあり，C 5 以下の髄節の腱反射が両側とも亢進していれば，脊髄症状として整合性があり，12級以上に該当するといいやすいのではなかろうか。

【脊髄圧迫】

　輝度変化がなくても，脊柱管狭窄が強度であれば，脊髄症状の裏づけとして十分な画像所見になりうる。上記 MRI 画像も脊柱管狭窄の程度が酷い。輝度変化がなかったとしても，脊髄症状の裏づけには十分といえるかもしれない。

③　神経学的所見

　前述の検査について，脊髄症状型の症状に適合する検査結果は以下のとおりである。

検　査	脊髄症状型
①腱反射（正常＋）	亢進（＋＋）
②筋萎縮	障害髄節以下で周径萎縮
③病的反射	陽性
④MMT	障害髄節以下で低下
⑤巧緻運動障害	陽性（10秒テスト）
⑥感覚障害	障害髄節以下で障害
⑦その他	

④12級13号を目指して

新人弁護士：平岡先生，交通事故でむち打ちのAさんの件ですが，被害者請求の結果が返ってきて，14級9号でした。ただ，ご本人が異議をご希望なので，一緒に検討していただきたいのですが……。

平岡：わかりました。Aさんはなぜ異議したいのですかね？

新人弁護士：Aさんは，右手のしびれも含めて重い症状に苦しんでいます。私としてもできれば異議をやってあげたいと考えています。

平岡：それでは，検討しましょう。まずは，自覚症状の確認ですね。どうなっていますか？

新人弁護士：後遺障害診断書の自覚症状欄によると「頚部痛，右上肢しびれ」となっています。右側にのみ症状が出ていますから，神経根型をまずは考えるのでよいと思います。

平岡：そうですね。次に，14級9号は出ていますから，症状の一貫性は問題ないでしょうか，一応確認しておきましょうか。

新人弁護士：はい。経過診断書によりますと，事故当日に○○病院に救急搬送され，頚椎捻挫の傷病名がついています。また，頚部痛のほか，右手指のしびれも訴えていることが記載されています。その後の経過を見ても，一貫して頚部痛と右手のしびれについては診断書に記載されており，一貫性に問題はないと考えます。

平岡：この人はどんな事故でしたか？

新人弁護士：はい。赤信号停車中の追突です。修理費の見積りによると車両後部がかなり損傷していて，廃車となっています。

平岡：加害者の車両はどうなったのかな？

新人弁護士：それはまだ入手していません。

平岡：取れるなら取っておいてもよいかもしれないですね。

新人弁護士：わかりました。

平岡：治療経過はどのような経過ですか？

新人弁護士：診療報酬明細書によると，当初は痛み止めを処方されつつ，リハビリのために週に2日くらいのペースで通院をしていました。ただ，事故から3か月目に，紹介状をもって他院でMRIを撮影しています。しびれがなかなか引かなかったのと，痛みが治まらないのでMRI検査をするに至ったようです。その後も痛み止めが強いものに変更されていたりします。事故から4か月から症状固定した6か月くらいには，痛み止めの注射も打っています。

平岡：なるほど，かなり重い症状のようですね。Aさんの仕事は？

新人弁護士：事務職の会社員です。仕事を休めなかったらしく，無理して出勤しており，休業はほとんどありません。病院も定時に仕事を切り上げて通院していました。なので，残業ができずに減収はあります。

平岡：かなり真面目な方なのですね。では，画像所見はどうなっていますか？

新人弁護士：事故から3か月目に撮影したMRIですが，後遺障害診断書，経過診断書によるとC6／7の椎間板が膨隆していると記載してあります。

平岡：神経根型だと，椎間板などが脊髄から分岐する神経根を圧迫しているわけですから，どちら側に膨隆しているのか，それが神経根を圧迫しているとまで言えるのかが大事ですよね。

新人弁護士：はい。この点は，主治医に面談にいきまして画像読影をしてもらっています。それによると，椎間板は右側に膨隆しており，神経の出口をふさいでしまっているような画像だ，ということでした。したがって，Aさんの自覚症状が右側という点では整合性があります。

平岡：なるほど。画像所見もありそうですね。それでは，神経学的所見はどうでしょう。

新人弁護士：この点が，実は経過診断書でも後遺障害診断書でもはっきりとはわかりません。

平岡：そうすると，そこの調査が必要ですね。検査をしていないなら，しても

らう必要があるかもしれません。その前に，どのような検査で，どのような所見があれば自覚症状や画像所見と整合性が見られると考えていますか。

新人弁護士：えー……Ｃ６／７から出ている神経ですので，頚椎は下の椎体番号と神経が一致するので……Ｃ７神経が問題となります。そして，Ｃ７神経の支配領域を考えますと……。ちょっと本を見てもいいですか。

平岡：もちろん。医師ではないのだから，本などを見てしっかり確認してください。

新人弁護士：ありがとうございます。えっと……Ｃ７神経ですと，反射であれば上腕三頭筋腱反射に異常が出ます。

平岡：はい。反射の異常とは？

新人弁護士：えっと，神経根型の場合は，反射は低下や消失の所見です。

平岡：そうですね。筋力は？

新人弁護士：上腕三頭筋や手根屈筋などだそうです。これは徒手筋力検査などの結果を見てみたいと思います。

平岡：筋萎縮もしているかもしれませんね。

新人弁護士：はい。確認します。あとは感覚異常が出ているかどうかも調べます。

平岡：ところで，どうやって調べるつもりですか？

新人弁護士：そうですね。医療記録を取ってみようかと……。検査をしていればその結果が書いてあるのかなと。

平岡：なるほど。依頼者にも検査した記憶があるか聞いてみたらよいでしょうね。あとは，「症状の推移について」と「神経学的所見の推移について」という自賠責特有の様式の書面があります。今回の認定では自賠責保険が取り寄せていないのですかね。こちらも確認してみたらよいのではと思います。

新人弁護士：はい，ありがとうございました！

第3

───────────────── 膝と足首 ─────────────────

1　交通事故による膝や足首の外傷

　さて，神経症状として，頚椎や腰椎以外では，膝や足首といった下肢の神経症状で14級9号あるいは12級13号が認定されることも多い。

　神経症状で14級9号や12級13号が認定されるという点では，膝や足首の場合でも，頚椎捻挫と同じ考慮要素が働く。したがって，事故態様がどのようなものか，事故直後にどのような症状を訴えていたのか，症状はどのような推移をたどったのか，通院の期間や頻度はどのようなものかといった考慮要素は共通するため，しっかりと把握したい。膝や足首が，頚椎や腰椎と大きく異なるのは，画像所見に比較的異常が写りやすいため，画像所見に比重が大きく置かれる点である。

2　膝や足首の外傷と後遺障害の概要

　主な症状と後遺障害としては，以下のとおりである。

　痛みやしびれなどの神経症状の場合は，12級13号，14級9号。

　関節の可動域に制限がある場合は12級7号（患側可動域が健側可動域の4分の3以下に制限）または10級11号（患側可動域が健側可動域の2分の1以下に制限）。

　靱帯の損傷により膝に動揺性が残存すると12級，10級，8級。

3　膝や足首の構造

　交通事故の損害賠償請求事件は，法学と医学が交錯する分野であり，法律面における損害賠償請求の組み立てのために，医学的資料を用いなければならないという特性を持つ。

　交通事故事件を扱う弁護士であれば，少なくとも証拠資料，たとえば医学的資料である診断書などに書いてある言葉や意味について，「当て」がつけられる程度の知識は備えておかなくてはならない。

　そこで，以下膝や足首の構造について，法律相談や事件処理に最低限必要な限度で説明をする。無理に覚える必要はないと考えるが，たとえば，診断書に「内側側副靱帯損傷，半月板損傷」などと記載があったときに，どのようなケガで，どのような症状が出るのかくらいはわかるようにしておいてほしい。当然だが，より深く知りたいときは，専門書に当たられたい。

(1)　膝の構造

　膝の構造は，主に「骨」「靱帯」「半月板」からなる。

【図表13】膝の構造

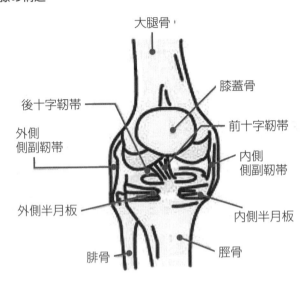

関節のもう少し奥を見ると，以下のような構造になっている。

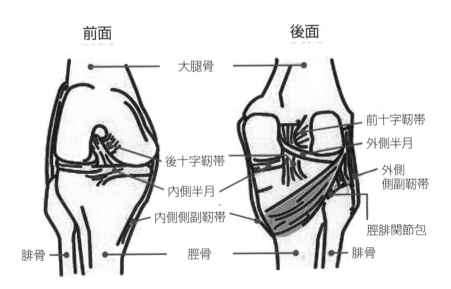

⑵　骨

　膝は，ふとももの骨（大腿骨・だいたいこつ）と，すねの骨（脛骨・けいこつおよび腓骨・ひこつ）の接点となる部位である。すねの部分には脛骨と腓骨の2つの骨がある。内側が脛骨，外側が腓骨である。

　さらに，膝蓋骨（いわゆる膝の皿）がある。

　骨折部位を示すときに，遠位端・近位端と表現することがあるが，体の中心から遠いほうが遠位，近いほうが近位である。したがって，脛骨近位端骨折となれば，膝側を骨折し，遠位端であれば足首側を骨折したということである。

　レントゲンやCTでは骨の状態を写すことができる。

⑶　靭　帯

　「靭帯」は，骨と骨をつなぐ機能を有する。骨をきっちりとつないでいる靭帯が断裂したりすると，本来動かないはずの方向に膝が動いたりして，動作に支障が出ることになる。

　膝の靭帯の名称については，診断書でもよく目にするので覚えて置いたほうがよい。

・前十字（ぜんじゅうじ）靭帯：脛骨が前方向に飛び出ないように引っ張る靭帯
・後十字靭帯（こうじゅうじ）：脛骨が後方向に飛び出ないように引っ張る靭帯
・外側側副（がいそくそくふく）靭帯：膝の外側で大腿骨と腓骨を結ぶ靭帯
・内側側副（ないそくそくふく）靭帯：膝の内側で大腿骨と脛骨を結ぶ靭帯

　「靭帯」と似たものに「腱」があるが，これは骨格筋と骨をつなぎ，筋の収縮運動を骨に伝達する役割を担っている。

　靭帯の損傷はMRI画像で確認できる。

　また，ストレスレントゲンといって，圧をかけながらレントゲン撮影をしたときに，骨が本来動かないはずの位置まで動いている画像が撮れることがある。靭帯そのものはレントゲンには写らないが，骨をつないでいる靭帯がおかしいから骨が本来動かない位置に動いてしまうわけだから，靭帯の異常があることを立証することができる。

⑷　半月板

　「半月板」とは，膝関節の内側と外側に1つずつある三日月型の軟骨組織である。大腿骨と脛骨の間に存在し，上下の圧力を分散して，関節の動きを滑らかにするとともに関節軟骨を保護する役目を担っている組織である。いわば膝関節にかかる体重の負担を軽くするクッションとしての役割と，関節の位置を安定させる役割を担う。

　半月板の損傷はMRI画像で確認できる。

４　膝の傷病名と後遺障害

　以下では，膝に関する傷病名ごとに見ていこう。

　相談者や依頼者の診断名から，どのような検査をしているのか，どのような後遺障害の可能性があるのかの「当て」をつけるためである。

　膝関節に関する主な傷病名としては，靭帯損傷，半月板損傷，膝蓋骨の骨折や脱臼，脛骨プラトー（高原）骨折等が挙げられる。膝の場合，同時に複数個所を負傷することが多く，それぞれの損傷が複合して症状が発症していることが通常である。

⑴　靭帯損傷

　「靭帯」は，骨と骨をつなぎ，関節動作の安定性に寄与する役割を担っているため，靭帯が損傷されると，膝に緩みが生じてしまい，それが関節運動にさまざまな悪影響を与える。

　傷病名について，受傷当初は膝の痛みについて主治医が「膝関節打撲」「膝関節捻挫」としていることが多く，時間の経過とともに症状が軽快せず，膝関節痛を継続的に訴えるので，MRI撮影をしたところ，ようやく靭帯損傷が判明した，という経過が多い。

　それでは，各靭帯について詳しく見ていこう。

①　前十字靭帯損傷

　前十字靭帯の損傷を明らかにする検査としては，軟部組織である靭帯の損傷を撮影できるMRI，ラックマンテスト（靭帯特有の検査。片手で大腿骨を押さえ，もう一方で脛骨近位後方をつかみ，脛骨を前方に引き出すテスト）があり，症状裏づけのために有効である。

　また，ストレスレントゲン（ストレスXP）も有用である。徒手や器具により膝関節に圧力をかけて骨同士のずれを確認するストレスXPテストは，靭帯が損傷していることで生じる関節動揺性の判断について必要となる。ストレスXPテストの動揺の目安は，損傷がなくとも前後方向のストレスによって3mm程度の動揺性があるものといわれているので，外傷による損傷といいうるためには，これ以上ずれているか確認することが大事である。

②　後十字靭帯損傷

　膝をダッシュボードに打ち付けるケースなどで発症することが多い。ただ，後十字靭帯損傷単独での損傷はほとんどなく，骨折や前十字靭帯損傷を伴うことが多いことが特徴である。

　後十字靭帯の損傷を明らかにする検査としては，MRI，脛骨を後方に押し，脛骨が後方に過度に移動するかを見る後方引き出しテスト（posterior sagテストともいう）ストレスXPテストがある。

③　側副靭帯損傷

　側副靭帯損傷は，靭帯損傷の中で一番多い損傷で，膝の外側から大きな衝撃

がかかったときに生じる損傷である。側副靱帯は内側と外側にあるが，圧倒的に多いのが内側側副靱帯（ないそくそくふくじんたい）の損傷であり，外側側副靱帯（がいそくそくふくじんたい）の損傷については，単独損傷は稀であり，前後十字靱帯損傷と合併する場合が多いことが特徴とされる。

側副靱帯損傷を明らかにする検査としては，MRI，ストレスXPテストがある（なお，前後ではなく横方向へのストレスの場合，ずれがあれば損傷があるといいやすい）。

(2)　半月板損傷

半月板に何らかの衝撃が加わって，割れたり，切れたりすることにより，関節軟骨を削ったり，骨と骨との間に同組織が引きずりこまれたりすることを半月板損傷という。

膝のクッションとしての役割，関節を安定させる役割をもつ半月板を損傷すると，症状としては，圧痛，膝のロッキング（動かなくなること），ギビングウェイ（膝の力が抜けて膝がカクッとなってしまうこと），クリック音の発生，関節の腫れ，可動域制限等の症状が生じる。

クッションである半月板を損傷すると，膝の動きにさまざまな影響を与える結果，痛みなどを引き起こす。

半月板損傷を明らかにする検査としては，以下のものがある。

まずはMRI画像の撮影である。

また，半月板切除術や縫合術をしていれば，半月板について手術適応があった，つまり損傷していたということから自賠責保険では半月板損傷と認められやすい。

さらに，治療経過の中で関節鏡視下手術を施行しているような場合，その手術動画画像も有効な資料である。切除術が施行されているのであれば，その部分のクッションがなくなり痛みが生じる裏づけがあるといえるから，14級にとどまらず12級獲得を狙うべきであろう。

ほかには，仰向けに患者を寝かせ，そのままの体勢で膝を最大限に曲げ，足

の底と関節を手で持ち，そのままゆっくりと下腿を外旋・内旋させながら，その際に生じる痛み等を診察する「マクマレー・テスト」，うつぶせで膝を90度屈曲し，踵を下に押し付けながら回してその際に生じる痛み等を診察する「グリンディング・テスト」で陽性であることが有効である。

⑶　膝蓋骨骨折・脱臼

　膝蓋骨は，膝関節の打撲に伴って縦の骨折・粉砕骨折や脱臼を生じることが多く，激痛，腫張，可動域制限が頻発する。

　検査としては，単純XP撮影，CT撮影がある。

　ギプス固定や手術により膝関節面の正確な整復がなされれば，一般的には症状が残存したとしても後遺障害が認定されることは難しい。そこで，まずは主治医に関節面に不整があるかを確認することが重要である。もし不整がない場合であっても，骨片があるか否か，周囲靭帯のMRI画像における炎症はあるのか，膝軟骨の不整はあるのかといった痛みを残すことを説明しうる画像を探すべきである。

⑷　脛骨プラトー骨折

　脛骨の関節面を「プラトー」といい，その部分の骨折をプラトー骨折という。脛骨高原骨折と表記されている場合もあるが，正式名称は，脛骨近位端骨折である。膝関節内の骨折であり，膝に衝撃が加わった際に多く発症することから，半月板損傷や靭帯損傷を合併することが少なくないとされる。

　体重からの荷重を最も大きく受ける関節面であり，特に症状残存の相談が多い傷病である。

　骨折の検査としては，単純XP撮影，CT撮影が，周辺軟部組織損傷の検査としては，MRI撮影がある。

　神経症状の等級も含めて，基本的には12級以上の等級が見込まれると考えてよいが，そのための症状裏づけのために，画像で関節面の不整，靭帯損傷，半月板損傷を確認すべきである。

⑸　その他の傷病

①　腓骨神経麻痺

　腓骨神経は，下腿を走行する神経であり，膝の外側を通り，腓骨の側面を下降して，足関節を通り，足指に達する。本症状は，膝の前後十字靱帯損傷，プラトー骨折，足関節の内外果骨折等に伴って発症する。

【図表14】腓骨神経

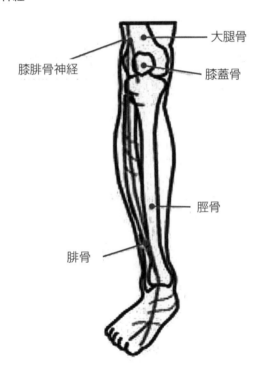

　症状としては，最も症例が多い総腓骨神経麻痺で，下腿外側から足背の知覚障害，足関節の背屈，足指の伸展，外がえし動作が障害され，自力で足首を曲げることが不可能となる。足指も下に垂れたままの状態となり，自力で背屈が

できない。具体的には，脛骨プラトー骨折後に膝関節の神経症状を超えて下腿しびれや知覚鈍麻等の神経症状や下垂足（足首と足指が背屈できなくなる）等の運動障害を訴えるケースである。

自賠責保険で神経症状および機能障害の等級認定の対象となるため，足首や足指の各関節の可動域検査（神経麻痺であるから自動値）が必須である。

裏づけとしては，筋電図検査や神経伝導検査がある。

② 　変形性膝関節症

膝関節の変形が進行すると，膝関節の可動域制限を生じ，歩行時に常時痛みを生じるようになり，夜間就寝中にも痛みが走るといった状態になる。

明らかな原因がなく加齢に伴って徐々に進行する一次性関節症と，外傷を契機に発生する二次性関節症があり，後者であれば，事故受傷と現在症状の因果関係をつなげることが必要となる。

なお，医学的には進行性の傷病であり，変形が進むことはあってもよくなることはないとされている。

したがって，症状固定時から一定期間経過後に，変形が進行すると症状が悪化しているということも十分にありうる。悪化した場合には事故による変形性膝関節症であるとの立証資料もつけて異議申立てをするのが望ましいが，実際は時効の問題もあるからいつまでも待っているわけにもいかず，また悪化するかどうかもそのときになってみないとわからないという悩ましい状況に陥ることになる。

したがって，膝の症状で自賠責保険14級９号を獲得したが，その後症状が悪くなり，訴訟で12級13号を争うというパターンも多くなりがちである。

この場合，変形性膝関節症は進行性であること，および自賠責保険の認定は変形が今ほど進行していない時点の判断であることの２点は強く主張しておくべきであろう。

できるだけ当初撮影しているXP，CT，MRIのいずれかの画像と同じ種類条件の画像を症状固定後も経時的に撮影し，新旧画像を比較の上，変形が進行

していることを指摘するのが有用である。

　さらにいえば，裁判所が労働能力喪失率や期間を制限してきたら，進行性の傷病である旨の主張を提出し，悪くなることはあっても，よくなって労働能力が回復することは絶対にないことは強く主張しておきたいところである。

膝の神経症状

平岡：さて，膝について神経症状をはじめとする後遺障害等級獲得のポイントを見てきましたね。

　頚椎や腰椎と同じく神経症状が生じますが，頚椎や腰椎と決定的に異なるのは，膝関節は検査で損傷が判明しやすいところですよね。

　交通事故外傷で膝をケガした人の相談を受けた場合に気をつけていることを教えてもらえますか。

都築：まずは，傷病名を確認しますね。骨折なのか靭帯損傷なのか半月板損傷なのか。やはり，膝のどこを損傷したかによって，症状の出方や検査も違ってきますので。

　たとえば脛骨プラトー骨折や膝蓋骨骨折なら関節面に不整があるかどうかを調べなくてはいけないな，と考えます。関節面の不整があれば，12級の可能性が出てきますから。

西村：相談時の傷病名が膝の打撲や捻挫であっても，結構な痛みが続いているならMRI撮影を案内して軟部組織に関して新たな傷病名がないか確認するようにアドバイスすることもありますね。

　本人から負傷態様や症状を聞き取って，靭帯損傷の可能性があるのか，半月板損傷かもしれないのか，当たりをつけます。

　それで画像を撮影すると，異常が出ることもありますね。

上野：脛骨プラトー骨折であれば，膝の神経症状や可動域制限だけでなく，足首や足指の可動域制限も確認して腓骨神経麻痺の可能性を視野に入れておくべきでしょうね。

平岡：神経症状についてまとめていきましょう。まずは頚椎捻挫の14級と同じく，大前提は，今回の事故で骨折とか靭帯損傷まで生じる衝撃があったかという出発点はとても大事ですね。そして，いつから症状が出ているのか。事故直後に症状を申告して傷病名がついているのか。症状の一貫性はあるのか。そういった頚椎14級の考慮要素は膝の場合でも押さえておきたいところです。

　そのうえで，画像等の検査所見を見ていきます。

上野：脛骨プラトー骨折だと，関節面の不整ありで12級を狙います。

　骨折後の癒合がきれいな場合にも靭帯損傷や半月板損傷が合併している可能性があるのでMRI撮影を勧めますね。

　骨折がなかったとしても膝打撲等の診断が初診からあって痛みが継続しているならMRI撮影を勧めます。

西村：前十字靭帯，後十字靭帯，側副靭帯だとMRIで靭帯の損傷を確認したいですね。それぞれ特有の検査で陽性所見が出るならより損傷したと証明しやすいです。12級を狙うなら，ストレスXPの陽性所見がほしいですね。

都築：半月板損傷もMRIでの損傷確認ですね。半月板切除をしているなら12級も狙えます。その場合の痛みの裏づけとして特有の検査結果が陽性であると補強できます。

平岡：膝の場合，複合的な損傷になるのが普通ですから，それぞれの部位の損傷の所見を指摘しつつ，総合的に痛みの残存とその原因を主張していきたいですね。

都築：初診時に膝関節打撲と診断された方の新規相談予約があるのですが，検討してみませんか。

平岡：どんな事案ですか。

都築：3週間前の事故になります。原付を運転中，交差点で右折してきたバイクを避けようとして転倒した事案です。左膝関節打撲と診断されているようです。幸いにも骨折まではなかったようです。最近MRI撮影したら靭帯損傷と半月板損傷だと診断され，思ったより重症なので法律事務所に相談しようと思ったとのことです。

西村：受傷機転ですが，原付で転倒して膝を打ち付けているなら靭帯損傷や半月板損傷は十分起こりうるでしょうね。この点は問題なさそうな気がします。症状はどうでしょう。

都築：左膝痛だそうです。あと，膝を動かすとクリック音もするとのこと。

西村：クリック音は半月板損傷の影響でしょうか。

　主治医も半月板損傷の検査として行われるマクマレー・テストとかグリン

ディング・テストもやっているでしょうから，検査結果を聞いてみたいですね。

上野：原付の転倒事故で，MRIで半月板損傷が認められたなら14級はしっかり獲得したいですね。

平岡：12級13号の可能性も検討しておきましょう。

都築：今後，半月板部分切除術を行うと12級の可能性があると思いますが，主治医の治療方針としてどのような説明を受けているかも聞いてみたいところです。

西村：切除術をして14級の認定にとどまった場合には，半月板切除後のMRI画像を指摘して12級を目指す異議申立てをすると効果があることがありますね。

平岡：はい。いろいろ相談者に聞きたいことが出てきましたね。14級は狙い，検査結果次第では12級も視野に入れる，ということですね。靱帯損傷の程度もよく聞きたいところですよね。

　この一連の検討経過は，膝だけでなく肩，手首，足首といった関節を受傷した場合の神経症状検討にも通じるものですね。

　最後に再度まとめると，頚椎捻挫で14級の考慮要素，つまり症状が残存していることの間接事実をしっかり理解し，その考え方を下肢であっても，上肢であっても活かすことです。

　受傷態様，初診の時期，症状の一貫性，治療内容の確認等はどの傷病にも共通するものですから。さらに，膝のようにより直接性の高い医証，検査がある場合はそれを重点的に検討します。骨折なら関節面の不整を確認したり，といったことですね。癒合良好であったり骨折でなかったりした場合でもMRI撮影をしたほうがよいときもあります。

　その後，傷病名・画像所見・検査結果の整合性を確認して，14級さらには12級を獲得できる可能性があるかどうかを検討するということです。

……

後日談。

　この件は，受任後に半月板切除術を施行。

　1回目の被害者請求で14級9号の認定にとどまった。

　その後，半月板切除後のMRI画像を指摘して異議申立てを行ったところ，無事に12級13号が認定された。

認定票別紙には「部分切除後に撮影された左膝のMRI画像上，内側半月板に輝度変化が認められる。この輝度変化は，手術で残さざるを得なかった辺縁部の変性断裂を示す所見である」という趣旨が記載されていた。

5　足首の傷病名と後遺障害

　足部の関節（足首）は，直接荷重を地面に伝え反力を受け，また，歩行時の衝撃の吸収や重心の微妙な調整などの役割を担っている。関節は，以下詳述の

【図表15】足部

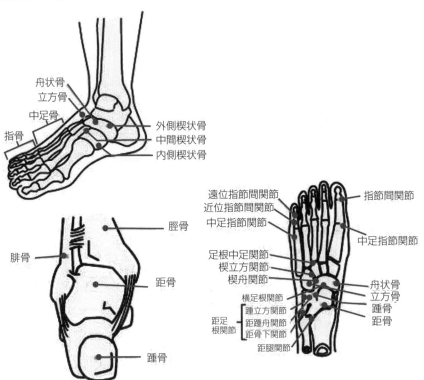

とおり多様であり，ひと言で足首といっても，さまざまな関節でその動きが実現されている。

　靭帯損傷は，バイク事故や自転車事故で頻出する。骨折は靭帯損傷ほど頻出ではないが，見落としがちな傷病であることや，骨折箇所の骨の特性を理解しているかどうかで処理が大きく変わってくるため，該当する案件があった場合にはぜひご参照いただきたい。

　いくつか，知っておいたほうがよい点について補足する。

　リスフラン関節とは，中足骨と楔状骨の間の関節である。日常，この部位が関節だとはあまり認識しないが，関節である。着地時等，足に体重がかかったときに，衝撃を和らげるクッションの役割を果たしている。

　また，以下は可動域制限のあるときなどに頻出する点である。

　中足指節間関節（ちゅうそくしせつかんかんせつ）（MTP）とは，いわゆる「ゆびの付け根」の関節である。踏み切り動作を担うため，大きな背屈可動域を有する。

　近位指節間関節（きんいしせつかんかんせつ）（PIP）とは，指の途中にある関節である。母指のみ指節間関節（IP）という。

　また，足関節にある靭帯は，【図表16】のとおりである。

【図表16】足関節にある靭帯

アキレス腱
前脛腓靭帯
後脛腓靭帯
踵腓靭帯
前距腓靭帯
長足底靭帯

アキレス腱
内側三角靭帯
長足底靭帯

(1)　靭帯損傷（足関節外側靭帯損傷，足二分靭帯損傷等）

①　神経症状

　靭帯の損傷それ自体は，痛みの直接的原因にはならず，血腫などが生じることで，痛みが出現する。ゆえに，血腫が吸収されたら痛みはなくなる。ただ，靭帯が緩んで骨同士のつながりが不安定になり，軟骨同士が擦り減りあうことになると関節面の不整（関節面の凸凹）が生じ，これが慢性的な炎症を生ぜしめることがある。

　この関節面の不整の有無は，CT断層面の画像において確認できる。関節面の磨耗が進んだ結果，関節裂隙（かんせつれつげき。関節の隙間）の狭小化，骨硬化，骨棘（こつきょく。骨のとげ）形成が見られることから，これらの所見を指摘することも有用である。CTの断層面を検討すれば関節面の不整が発見できるので，症状固定付近に再度CT検査をすることも検討すべきだろう。

　神経症状等級獲得のため注意すべき点は，靭帯損傷の傷病名の有無，初診時の腫脹・不安定性・血腫・水腫等の所見，その後のMRIやCTの画像所見における異常所見，その他骨折の有無，歩行状態（跛行の状態）の確認である。

②　可動域制限

　可動域制限が残存する場合，靭帯損傷それのみでは根拠づけとしては弱い。医学的メカニズムとしては，「靭帯損傷が生じる→関節液や血液が軟部組織（関節包等）に流入する→軟部組織（関節包等）が癒着化等して拘縮する」癒着型と，「靭帯損傷が生じる→不安定性や疼痛の出現→長期固定または痛くて動かせない→不動により拘縮する」廃用型があるといわれる。

　自賠責保険も医学的経過を前提に判断するため，靭帯損傷後に可動域制限が生じているのであれば，上記の流れを意識して治療経過や検査結果を整理し，自賠責保険に提出すべきである。

　具体的には，靭帯損傷の程度（MRIの脂肪抑制T2強調像等適した条件で確認する。軽微であると高度の機能障害を残存させる程度の靭帯損傷とは認め

られないと判断される可能性が高い），関節面の不整，靭帯損傷の傷病名の有無，初診時の腫脹・不安定性・血腫・水腫・圧痛等の所見の有無，その後のMRIの画像所見，その他骨折の有無，初診時の歩行状態の異常の有無等を医療記録から確認しておきたい。

　その他，ギプス等による固定期間，骨萎縮・筋萎縮を示すことも有効である。

③　動揺関節

　動揺関節の所見（関節がずれる感じ）があれば，さらにストレスXPテストの異常所見，徒手不安定性検査の異常所見，下肢装具の装着状況の有無の確認を行う。ストレスXPテストでは，内反・外反，前方・後方引き出しテストを行い靭帯の不安定性をみる。足関節においては，外側の靭帯損傷が多いから，内反ストレスと前方引き出しテストを行うことが多い。前方引き出しテストは5mm以上，内反ストレスは10度以上で陽性となる。

④　申請の注意点

　最後に，自賠責保険への申請にあたり，治療中や診断書作成時に必要となる留意点をまとめる。

・関節拘縮については，そのメカニズムも含めて，後遺障害診断書に記載してもらうことが必要である。

・「靭帯損傷」の傷病名だけで簡単に等級が取れると判断しない。

・初診時の腫脹すらない場合，靭帯損傷の程度としてはかなり弱い。

・救急病院からリハビリ病院に転院する際には，仮に腫脹がある場合には，その旨を主治医に伝えてもらうことが大事である。

(2) 足関節部の骨折（脛骨遠位端骨折，足関節内果・外果骨折，足関節軟骨損傷等）

① 神経症状

　前述のとおり，足関節には内側外側ともにさまざまな靭帯が存在するため，骨折とともに靭帯が損傷されたり，靭帯に引かれて裂離骨折が生じたりする。これら合併症があることは注意しておきたい。

　関節内で骨折すると軟骨（関節面の柔らかい骨）が破壊され，軟骨の修復が上手くいかなかったり変形癒合することで関節面に不整（関節面の凸凹）が生じて慢性的な炎症を生じることで痛みが生じる。したがって，神経症状の等級獲得のためには，関節面の不整，関節裂隙（関節の隙間）の狭小化，骨棘（骨の棘）形成の所見を指摘することが有用である。

　ポイントは，関節内骨折か否かにある。関節内骨折は関節外骨折と比較して神経障害残存の可能性が高いため，関節内骨折であれば12級認定の可能性を目指して，骨折部の癒合状況をよく確認することである。骨折部の癒合が良好であっても14級9号が認定される可能性があり，対して不整癒合（関節面の凸凹）や癒合不全（偽関節）の場合には，12級13号の可能性が高くなる。

② 可動域制限

　また，機能障害については，骨折それ自体から，可動域制限を根拠づけることはできない。

　靭帯損傷と同様，主たる原因は癒着型と廃用型であるから，骨折後に可動域制限が生じているのであれば，前述の医学的経過の流れを意識して治療経過や検査結果を整理して自賠責保険に提出すべきである。

　神経症状と同様，関節内骨折は可動域制限残存の可能性が高いため，12級以上の認定も視野に骨癒合の状態を確認する。良好癒合であっても12級7号の可能性はある。対して不整癒合（関節面の凸凹）や癒合不全（偽関節）の場合には10級11号や12級7号認定の可能性が高くなる。神経症状の場合の確認事項に

加えて，ギプス固定期間の有無，炎症・浮腫等の有無，骨萎縮・筋萎縮の有無，脱臼の有無も確認して有意な所見があれば提出すべきである。

③　申請の注意点

神経症状であれ機能障害であれ，自賠責保険への申請にあたり必要となる留意点をまとめる。

- 関節包の癒着等があれば，その旨を後遺障害診断書に記載してもらう。
- 関節内骨折の場合，関節面に不整が残存することが多いから，「関節面に不整残存」等と後遺障害診断書に記載してもらうように努めるべきである。
- 関節内骨折の場合，「骨癒合が良好」とあっても変形癒合となることが多いので，主治医に確認した上，変形癒合があれば，「変形癒合」を後遺障害診断書に記載してもらうよう努めるべきである。

---

(3)　足根骨骨折（距骨骨折，踵骨骨折，立方骨骨折，舟状骨骨折，楔状骨骨折），中足骨骨折，趾骨骨折

①　神経症状

関節内骨折かの確認をしたい。経験上関節内骨折では12級13号が認定されうる。関節外骨折では14級9号が大半である。

また，骨癒合の状態も確認する。良好癒合であっても，関節面の不整に関する所見があれば12級13号が認定されうる。

②　その他注意点

医証上「骨癒合が良好」であっても変形癒合がないかは確認したい。

踵骨骨折はその他の足根骨と比較して等級認定される可能性が高い傾向がある。

単純XP撮影では，足根骨骨折の正確な把握が難しいため，できる限りCT撮影を施行すべきである。

(4)　下垂足

　足関節の背屈運動が障害された状態（自力で足首を曲げることができなくなり，足指も下に垂れたままで自力で背屈ができない状態）をいう。

　下腿外側から足背にかけての感覚障害を伴うことが多い。原因として，前述のとおり膝関節骨折や足関節骨折などの外傷や，ギプスの圧迫による総腓骨神経損傷，坐骨神経損傷，腰椎椎間板ヘルニア等によるL5神経障害，脳・脊髄障害等が挙げられる。

　自賠責保険における等級認定のためにはその原因を特定することが重要であり，受傷部位のXP撮影やMRI撮影，筋電図検査，神経伝導検査等が必要となる。

　受傷後に本症状が疑われる場合には，上記検査を施行してもらった上で，後遺障害診断書作成時に足関節，各足趾の可動域検査を行ってもらうことを忘れないようにしたい。

第4

　肩に関しては，医療の世界でも難しい部位とされており，肩の専門医でない
と判断が難しいことが多く，また，医師によって判断が分かれることも珍しく
ない。

　もっとも，後遺障害との関係では，肩の基本的な構造と要点を押さえてしま
えば，シンプルに分析することが可能となる。

　交通事故事件を扱う弁護士として，医学的資料の読解や法律相談，事件処理
に支障のない程度に肩の構造や傷病名などを知識として学んでほしい。

1 肩の構造

(1) 骨・関節

　肩は，鎖骨，肩甲骨および上腕骨の3つの骨で構成されている。

　そして，肩には，腕を上げるときに必要な関節として，①上腕骨と肩甲骨で
作られる肩甲上腕関節（これが肩におけるメインとなる関節で，通常，肩関節
といった場合は，この関節を指す），②鎖骨と肩甲骨の肩峰部分で作られる肩
鎖関節および③上腕骨と肩甲骨の肩峰等の間で作られる第2肩関節などがある。

　これらの関節がスムーズに動くことで，手を頭の後ろで組んだり，上の物を
取ろうとするような腕の動きが可能になる。

【図表17】肩①

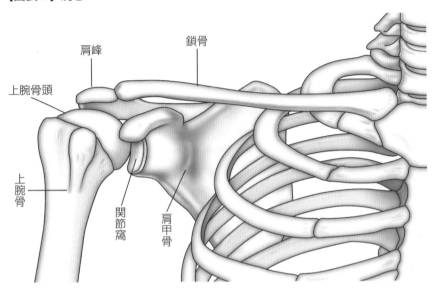

【図表18】肩②

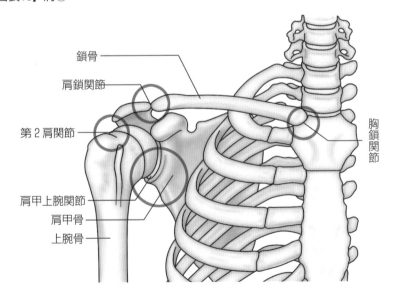

⑵　靭帯等の軟部組織

　肩まわりの主な靭帯としては，①鎖骨と肩甲骨の肩峰部分をつなぐ肩鎖靭帯，②鎖骨と肩甲骨の烏口突起部分をつなぐ烏口鎖骨靭帯，③肩甲骨の肩峰部分と肩甲骨の烏口突起部分をつなぐ烏口肩峰靭帯および④上腕骨と肩甲骨をつなぐ上腕靭帯などがある。

【図表19】肩③

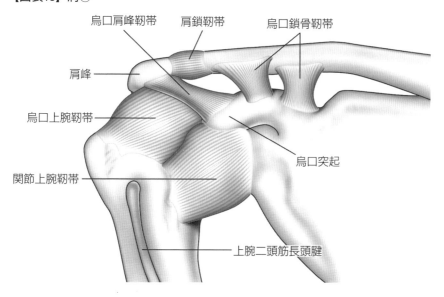

　また，腕を動かす際に肩関節に安定性をもたらすものとして，腱板がある。腱板は，上腕骨の骨頭についている筋肉および腱が癒合した複合体（肩甲下筋，棘上筋，棘下筋，小円筋）のことで，板状となって骨頭を包んでいるため，腱板と呼ばれている。

【図表20】肩④

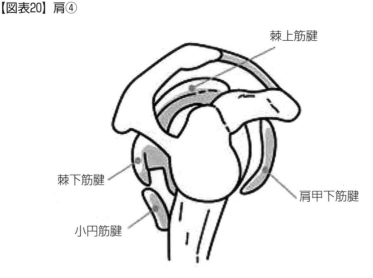

右の肩関節を横から見た図

　さらに，腱板とは別に，肩関節に安定性をもたらすものとして，関節唇がある。関節唇は，上腕骨の受け皿の骨（肩甲骨関節窩）の輪郭を土手のように覆っている線維性の組織のことで，その部位ごとに，上方関節唇，前方関節唇，後方関節唇，下方関節唇に分けられる。

2　交通事故での肩の主な傷病名と後遺障害

(1)　主な傷病名

　肩関節に関する主な傷病名としては，上腕骨（近位端）骨折，鎖骨骨折，肩鎖関節脱臼，肩関節脱臼，腱板損傷および関節唇損傷等が挙げられる。

⑵　後遺障害等級と基本的に必要となる検査

　まず，肩をケガした依頼者の相談を受けたとき狙うべき後遺障害等級と，そのために確認しておきたい基本的な事項を挙げる。

①　可動域検査

　肩まわりを受傷した場合，基本的には，肩の機能障害に関する12級6号・10級10号等の後遺障害等級の可能性を検討することになる。そのため，可動域の検査はすべきである。

　なお，これは肩関節に限った話ではないが，機能障害の後遺障害の審査においては，傷病名・画像所見とは別に，拘縮の有無も重要な要素となっている。そのため，主治医が拘縮を認めているのであれば，後遺障害診断書等に，「拘縮あり」との記載をしてもらうべきである（可能であれば，「1カ月のギプス固定」など，拘縮が生じた医学的な原因がわかっている場合は，その旨も記載してもらうことが望ましい）。

②　初動としてのMRI撮影の重要性

　また，神経症状での14級9号・12級13号であれ，機能障害での12級6号・10級10号であれ，後遺障害の審査においては，画像所見が重要となる。既述のとおり，肩まわりは靭帯等の軟部組織が多いことから，肩まわりを受傷した場合は，XP・CTだけでなく，MRIも撮影すべきである。

　また，仮に画像で異常所見があったとしても，事故から期間が空けば空くほど，事故との因果関係を否定されるリスクが高くなる。基本的に病院で治療を受けようとすると，すぐにXPの撮影は行われるが，MRIの撮影はなかなか行われないことが多い。骨折しておらず，軟部組織の損傷だけの受傷の場合，事故から半年・1年程度経過した時点で撮影されたMRIで，軟部組織の損傷が発覚することも珍しくないが，事故から半年・1年程度経過した時点で発覚した異常所見となると，事故によるものなのか，事故以外のものなのか，因果関

係の証明が難しくなる。

　また，軟部組織の損傷に関するMRIの異常所見は，事故から間がないほうが，画像に写りやすいという特殊性もある。

　そのため，肩まわりを受傷した場合は，XPでの異常所見の有無にかかわらず，初動として早めにMRIを撮影すべきである。

　なお，MRIの基本的な撮影方法としては，T2強調（脂肪抑制）で，3方向（Coronal，Axial，Sagittal）からの撮影で足りるが），可能であれば，左右での比較から異常所見を確認することもあるため，左右両側を撮影することが望ましい（もっとも，ほとんどの医師は，患側のみの撮影しか認めないため，現実的には左右両側の撮影はあまり期待できない）。

　また，事故による受傷前の画像があれば，同一部位の比較もできる。ただし，左右両側の画像や事故前の画像を提出することで，経年性の所見や既往症が発覚するリスクもあるので，注意を要する。

3 肩の後遺障害に関するポイント

　次に，肩のケガで後遺障害の認定を獲得するポイントをそれぞれ解説していきたい。

(1) 鎖骨の変形障害

① 神経症状や機能障害以外での後遺障害の可能性

　鎖骨周辺については，鎖骨，肩甲骨の烏口突起の部分，肩甲骨の肩峰の部分の3つの骨と，肩鎖靭帯，烏口鎖靭帯，烏口肩峰靭帯の3種の靭帯で，サークルと呼ばれる円形の構造が作られているが，鎖骨骨折や肩鎖関節脱臼等で，このサークルを構成する組織のうち複数の組織が損傷した場合，鎖骨周辺のバランスが崩れ，鎖骨の遠位端部分が脱臼したまま上昇してくることがある。また，鎖骨骨折後に癒合したものの，不整癒合によって鎖骨が変形してしまうことがある。

　特に骨折後のケースで鎖骨部分の外見に変形が生じた場合，肩の痛みや機能障害の有無に関係なく，その変形自体が，体幹骨の変形障害として，12級5号の後遺障害等級が認定される可能性がある。

②　変形障害の認定上の注意点

　体幹骨の変形障害の認定基準としては，裸体になった時に変形が明らかにわかる程度のものであることを要するが，体幹骨の変形障害で認定を受けるには，いくつか注意点がある。

　第1に，後遺障害診断書の「⑨体幹骨の変形」の欄に，変形があることを記載してもらう必要がある（後遺障害診断書に記載がないと，そもそも審査の対象にならないことがほとんどである）。肩を受傷したということで，痛みや可動域制限については意識が向くものの，体幹骨の変形については意識が向いていないケースが少なくない。鎖骨骨折や肩鎖関節脱臼の診断が出ているケースでは，鎖骨部分の変形がないかを患者に確認し，もし変形がありそうなのであれば，後遺障害診断書にも記載してもらう必要がある。

　第2に，変形が明らかにわかるかどうかの審査においては，変形部位の写真が重要な判断要素になることが多い。そのため，鎖骨部分に変形がある場合は，変形部分の写真を撮影しておくことが重要となる。

　写真の撮影の仕方については，左右の鎖骨部分の形状を比較することで変形の有無の判断がなされることから，左右両鎖骨が写っているものが最低限必要となる。また，変形の程度を把握しやすくするため，変形している部分をアップで撮影したものも撮影すべきである。

③　鎖骨の変形障害と肩の後遺障害の関係

　鎖骨の変形障害と同時に，肩関節に機能障害や神経症状の後遺障害も併存した場合は，後遺障害の認定はどうなるのか。たとえば，鎖骨骨折によって，鎖骨の変形障害だけでなく，肩関節の機能障害や神経症状まで残存してしまった場合である。

　このような場合の考え方としては，肩関節に残存した後遺障害が，機能障害なのか神経症状なのかによって結論が変わってくるため，注意を要する。

　まず，鎖骨の変形障害と肩関節の機能障害が併存した場合は，系列を異にする別個の後遺障害として，併合処理がなされることになる。つまり，鎖骨の変形障害12級5号と肩関節の機能障害12級6号のケースであれば，併合11級ということになる。

　他方，鎖骨の変形障害と肩関節の神経症状が併存した場合は，肩関節の神経症状が鎖骨の変形障害と通常派生する関係にある障害ととらえられることから，肩関節の神経症状も鎖骨の変形障害に含めて評価されることになる。つまり，鎖骨の変形障害12級5号と肩関節の神経症状12級13号のケースであれば，12級5号ということになる。

④　鎖骨と肩関節の可動域との関係

　実務上，鎖骨を骨折しても，鎖骨は上腕骨と隣接していないため，肩関節の可動域に影響が出ることはないといわれることがある。

　しかし，鎖骨は，上腕骨と隣接していないものの，上腕の外転90度以上の可動域にかかわるものとされていることから，鎖骨骨折（特に遠位端骨折）によって肩関節に可動域制限が生じることは，拘縮等の理由によってはありうることである。

(2)　関節唇損傷

　関節唇損傷は，レントゲンだと造影剤を入れないと写らないため，MRIを撮影するべきである。

　そして，関節唇損傷の場合，スポーツの後遺症など経年性を疑われることが多い。そのため，後遺障害の認定上，後遺障害診断書や意見書等で経年性を否定することが有用となる。具体的には，①事故態様との関係で肩を受傷したことを示すこと，②剥離した関節唇が鋭利であり，鈍的変化を起こしていないことを指摘すること，③周囲の関節液漏出が確認できる画像所見を指摘すること

等が有用である。

　また，関節唇損傷の場合も，疼痛や肩関節の拘縮による可動域制限は出る。ただし，関節唇損傷の場合の可動域制限について，それほど制限はされないと考える医師も少なくない。そのため，可動域制限が大きく出ているとすると，それは関節唇損傷以外の要因によるものと考える自賠責保険担当者や医師が多い。このような考え方を前提として，後遺障害診断書上は関節唇損傷の傷病名で2分の1以下の可動域制限が出ているにもかかわらず，10級10号ではなく，12級6号が認定されるようなことも，実務上珍しくない。

　なお，肩関節脱臼がある場合には，関節唇損傷も併発していないかを疑うべきである。直接外傷による関節唇損傷のほか，脱臼に伴って関節唇が剥がれてしまうことがあるからである。

(3)　腱板損傷

①　腱板損傷の特殊性

　腱板損傷は，交通事故で肩まわりを受傷した際に出てくる傷病名として，とても多い類型である。他方で，後遺障害等級の認定が，見通しどおりに出にくいという声も多い。

　そのため，本書では，腱板損傷についてはできるだけ詳述していくが，腱板損傷におけるポイントは，①画像所見の有無および②外傷性であること（事故との因果関係があること）の2点である。

②　画像所見の有無

　腱板損傷の画像所見は，MRIで腱板部分に輝度変化が出る（もっとも，この判断が難しく，肩の専門医レベルでないと判断が難しいことが多い）。腱板は，棘上筋・棘下筋・小円筋・肩甲下筋からなるが，後遺障害の認定を受ける上で，損傷部位はそのうちのどこの部分でも構わない。また，完全断裂ではなく，部分断裂でも構わない（ただし，完全断裂のほうが，症状も認定も出やすい）。

　画像所見の有無について，まずは，主治医が腱板損傷を認め，後遺障害診断書に記載をしてもらうことが重要となる。その内容についても，12級の場合は医学的な証明が必要になるため，「腱板損傷の疑い」といった記載では不十分ということになる。

　もっとも，画像所見の有無を判断するのは，自賠責保険の顧問医であるため，主治医が腱板損傷ありと判断しても，自賠責保険の顧問医が腱板損傷なしと判断すれば，その時点で腱板損傷なしという結果になる。

　また，腱板損傷の画像所見の有無の判断は，医師ごとに変わってくることが珍しくないが，自賠責保険では，被害者請求のときと異議申立てのときで，画像所見の有無を判断する顧問医が変わるため，画像所見の有無を否定された場合は，異議申立てをする価値は高いといえる。また，紛争処理機構においても，被害者請求や異議申立てにおける自賠責保険の顧問医とは異なる各部位の専門医が画像所見の有無を判断するため，画像所見に異議がある場合には，紛争処理機構への申請をすることも検討してよい。

　なお，自賠責保険の顧問医が腱板損傷を認める可能性を高めるための方法として，肩の専門医（有名な医師だとなおよい）に診てもらい，腱板損傷を認める旨の医証を作成し，提出することが有用である。その際の医証としては，後遺障害診断書でもよいが，通常の診断書や意見書でも構わない。また，部分断裂ではなく完全断裂の場合は，その旨も記載してもらうことが望ましい。

　腱板損傷それ自体の画像所見ではないが，腱板が損傷したことを間接的に裏づける画像所見として，シェントンラインの乱れが挙げられる。シェントンラインとは，肩甲骨から上腕骨にかけてのアーチ状のラインのことだが，腱板が損傷した場合，上腕骨頭が上方化してくることにより，シェントンラインに乱れが生じる。そのため，腱板損傷の有無それ自体が問題となっている場合に，XPでシェントンラインの乱れが認められるのであれば，そのことを指摘するべきである。

③　外傷性であること

　次に，外傷性であること（事故との因果関係があること）について，そもそも腱板（特に棘上筋）については，外傷の有無にかかわらず，経年によって傷んでいることが多い。経年性の場合の傷病名は肩関節周囲炎で，一般的に四十肩・五十肩と呼ばれるものがこれである。経年によって腱板が傷む原因は明らかではないが，よく言われている要因としては，加齢によって，腱板の水分が減少すること，腱板のコラーゲンの乱れが生じることおよび上腕骨頭に骨棘が形成されること等が挙げられる。

　腱板が経年によって傷んでいることが多いことから，仮に腱板損傷の画像所見があるという場合であっても，自賠責保険が，交通事故による外傷性のものではなく，経年性のものと判断すれば，その時点で12級の認定が否定される可能性がある。特に，交通事故で受傷した人が40歳以上の年齢となると，経年性を疑われやすい（なお，後遺障害の認定上は，腱板損傷について，外傷だけを原因としていることが必須というわけではなく，経年性と外傷性の両方を原因としているものでも構わない）。

　そこで，腱板損傷の画像所見があることを前提に，それが外傷によるものと自賠責保険に判断してもらうことが重要となるが，そのための主な判断要素（医学的根拠）としては，下記ア～カのようなものが挙げられる（あくまでも例示列挙である）。

ア　事故態様
• 肩を受傷した状況（事故のエネルギーと肩受傷との結びつき）

イ　事故直後に肩の症状を訴えているか
• 外傷性による腱板損傷の場合，事故直後に激痛が走るといわれている。したがって，事故直後に肩の症状を訴えていないと，外傷に起因することを否定されやすい。

ウ　画像所見

・左右両側のMRI画像の比較

　健側と患側のMRI画像を比較し，画像所見が患側のみに出ていることが望ましい。

　経年性の場合は，画像所見が両側に出ていることが少なくないためである。

・事故前のMRI画像の比較

　受傷した腱板の事故前と事故後のMRI画像を比較し，画像所見が事故後のみに出ていること，あるいは，画像所見が事故後に悪化していることが望ましい。

・上腕骨骨頭の骨棘の有無

　経年によって生じる上腕骨骨頭の骨棘によって腱板（棘上筋）が傷みやすくなるため，骨棘の形成が上腕骨骨頭にないことが望ましい。

・肩の外見上の内出血等の画像

　肩まわりに限った話ではないが，人の人体に外圧が加わった場合，内出血の痕がしばらく残ることがある。事故で受傷した場合に生じることも珍しくないため，肩まわりに内出血の痕等が残っている場合は，それを撮影しておくことが望ましい。

・深層まで損傷か

　深層まで損傷が認められると，外傷性といいやすい。

エ　症　状

・受傷直後の肩の治療・傷病名の有無

　後遺障害の認定上は，事故直後から痛みの訴えや可動域制限の訴えが出ていることが重要となる。そのため，受傷直後に肩の治療を受けており，傷病名が出ていることが望ましい。

・事故を契機として症状が発現・悪化しているか

　診断書上の「本件事故によって肩関節痛が発現」，あるいは，もともと肩を痛めていた人であれば，「本件事故によって肩関節痛が悪化」といった記載が

あることが望ましい。

・ドロップアームサインの検査結果

　ドロップアームサイン（Drop Arm Sign）とは，自力で外転90度以上まで上肢を上げられるか，他動で外転90度以上まで上肢を上げて自力で維持できるかを確認する検査方法であるが，このドロップアームサインの検査が陽性（自力で上肢を外転90度に維持できない状態）であることが望ましい。

オ　早期のMRI撮影

・初動としてのMRI撮影の重要性

　これについては既述のとおりであるが，事故との因果関係を疑われる可能性が高い腱板損傷においては，特に早めに撮影することが望ましい。理想としては，事故から2～3カ月程度の時点で撮影していることが望ましい。

カ　その他

・外傷性（事故との因果関係）に関する医師の判断

　患者から聞いた事故態様や画像所見などから，医師が外傷性と判断していることも珍しくない。そのため，医師が外傷性と判断している場合には，外傷性と考えていることについての意見書を作成してもらえると有用である。

・受傷者の年齢

　既述のとおり，腱板損傷は，四十肩や五十肩といった経年性のものと疑われることが多いが，逆に言えば，まだ若い人であれば，経年性とはいいにくくなる。そのため，もし受傷者が30歳以下のようなケースで経年性が疑われている場合は，若いことから経年性とは考えにくいと指摘することができる。

④　腱板損傷における機能障害の認定の注意点

　腱板損傷の場合も，疼痛や肩関節の拘縮による可動域制限は出るが，その損傷の程度によってどの程度の可動域制限が出るか，医師によって判断が分かれることがある。そのため，後遺障害診断書上は腱板損傷の傷病名で2分の1以

下の可動域制限が出ているにもかかわらず，10級10号ではなく，12級6号が認定されるようなことも，実務上珍しくない。

【肩関節部の障害】

傷病名	症状	症状を裏づける他覚所見 （12級以上目指す目安）
鎖骨骨折 肩関節脱臼・亜脱臼	変形，肩の痛み，可動域制限	①変形⇒後遺障害診断書の記載，左右比較の写真 ②痛み⇒XP，CT（変形癒合画像） ③可動域⇒拘縮の有無
関節唇損傷 関節包損傷	肩の痛み，可動域制限	初期のMRI，経年性の否定，肩関節脱臼併発の有無
腱板損傷	肩の痛み，可動域制限	初期のMRI，損傷に関する専門医の診断書，シェントンライン乱れ，経年性の否定（受傷態様，直後の症状訴え，MRIの左右比較，XP・CTで骨棘確認）

第5

―――――――――――――― 手首 ――――――――――――――

1 手首の後遺障害

　手関節を受傷した場合，まず神経症状の14級9号・12級13号を想定し，手首の上下の動きの悪さを訴えているようなら機能障害として12級6号（患側可動域が健側の4分の3以下に制限）や10級10号（患側可動域が健側の2分の1以下に制限），手首をひねる動きの悪さを訴えているようなら上記12級6号および10級10号の準用が主に検討の対象となる。

　神経症状でも機能障害でも，画像所見が重要となる。

　症状固定時に手関節に症状がある場合には，XP撮影だけでなくCT撮影を行うことが望ましい（関節部に，細かい骨片などがあり，影響を与えている可能性もあるためである）。また，靭帯損傷等の軟部組織を写すためにはMRIも撮影すべきである。ほかの部位同様，健側・患側の両方の画像を提出することで損傷箇所が明確になることがある。

2 手首の構造

　手関節を構成する骨は，橈骨（とうこつ）・尺骨（しゃっこつ）と手根骨（しゅこんこつ）である。

　前腕（肘から手首まで）側の骨は，親指側が橈骨，小指側が尺骨である。

　手側の骨が手根骨であり，細かい8個の骨が集まっている。大菱形骨（だいりょうけいこつ）・小菱形骨（しょうりょうけいこつ）・有頭骨（ゆうとうこ

つ）・有鉤骨（ゆうこうこつ）・舟状骨（しゅうじょうこつ）・月状骨（げつじょうこつ）・三角骨（さんかくこつ）・豆状骨（とうじょうこつ）がある。

【図表21】手首

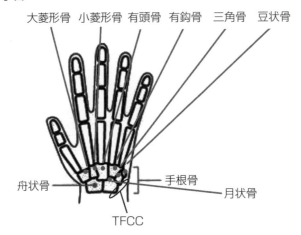

(1)　手関節

手関節は，橈骨と，尺骨，そして手根骨から構成される関節である。

(2)　靭　帯

三角有頭骨靭帯，尺骨月状骨靭帯等のさまざまな靭帯で構成されるが，頻出の重要な靭帯名は，三角線維軟骨複合体（TFCC）である。

TFCCは，三角線維軟骨（TFC）を中心として，三角靭帯（橈骨靭帯ともいう）・尺骨月状骨靭帯・尺骨三角骨靭帯などの周囲の靭帯組織から構成される。尺骨と尺骨側の手根骨との位置関係を保つクッションの役割を果たしている。

⑶　手関節に関する傷病名・検査

　手関節に関する主な傷病名としては，頻出のTFCC（三角線維軟骨複合体）損傷，手関節部骨折（舟状骨骨折・月状骨骨折，橈骨遠位端骨折）のほか，手根管症候群，ガングリオン，関節リウマチ，キーンベック病等が挙げられる。もっとも，交通事故との関係では手根管症候群は手関節脱臼・骨折後の発症でない限り因果関係が認められにくく，ガングリオン・関節リウマチ・キーンベック病は，因果関係が否定されるので注意が必要である。

3　傷病名ごとの注意点

⑴　TFCC損傷（三角線維軟骨複合体損傷）

　手関節に強いねじれと背屈力（手の甲を反らす力）が加わった場合にTFCCに損傷が発生する。手関節尺側（小指側）の痛みや握力の低下，前腕回旋時の遠位橈尺関節部の痛みが生じることが特徴である。具体的には，グリップしながら手関節をひねる動作，たとえばドアノブを回したりハンドルを切ったりぞうきんを絞る等の動作でクリックを生じたり，疼痛や引っかかり感が発生する。機能障害としては，前腕回内外運動に可動域制限が生じ，遠位橈尺関節に不安定性が生じる。

　後遺障害等級については，神経症状については，12級13号，14級9号である。

　機能障害については，前腕の回内回外運動の障害となるため，患側が健側の4分の1以下に制限されて10級10号，2分の1以下の制限で12級6号が準用される扱いとなる。

　これら靭帯や軟骨等の軟部組織はXP撮影では確認できないため，MRI撮影（脂肪抑制T1強調画像かgradient echo T2強調画像が有用とされる）が必須である。画像上の判別は医師でもかなり困難といわれているため，MRI画像を添付した医療照会回答書を作成し，診断した主治医に損傷個所を指摘してもら

えると有用である。

　また，靭帯損傷を裏づける検査としては，代表的なものに手首を外側に動かす尺屈テスト，尺屈させたまま手首を小指側に回す尺屈回外テストがある。その他，遠位橈尺関節不安定性検査，バロットメントテスト（尺骨と橈骨を持って，掌背方向への不安定性をみるテスト），ピアノキー（Piano-key）徴候（掌を下に向け尺骨頭の他動的な沈み込みをみるテスト）等が用いられることもある。

(2)　手関節部骨折

　手の平を地面について着地した場合など，手の関節が過伸展した場合に起こる骨折であり，TFCC損傷と同様に頻出傷病である。手の骨折の70％以上がこの手根骨骨折であるといわれる。

　症状としては，手関節の腫脹，鈍痛・運動時痛，可動制限，握力低下などが出現する。

　手関節の運動においては，主に橈骨手根関節が運動していることからわかるとおり，舟状骨・月状骨・三角骨骨折，橈骨・尺骨の遠位端骨折があった場合には，機能障害が残存する可能性がある。

　後遺障害等級については，神経症状は，12級13号または14級9号，機能障害としては10級10号（患側可動域が健側の2分の1以下に制限）や12級6号（患側可動域が健側の4分の3以下に制限）である。

　骨折を裏づける画像としては，橈骨および尺骨の遠位端骨折はわかりやすいが，舟状骨等は手関節に対する一般的なXP撮影では骨折部が写りにくいため，舟状骨を強調した撮影が不可欠である。CT撮影も小さい骨折，骨折後遊離体の判別に有用である。これら画像で骨折の有無，転位（ずれ），関節面の不整を確認する必要がある。

⑤ 可動域制限の裁判

新人弁護士：平岡先生，可動域制限で10級10号を獲得して今裁判中のＡさんの件でご相談があります。

平岡：はい，どうしましたか？

新人弁護士：相手方が裁判で取り寄せたＡさんの医療記録に基づく主張をしてきたのですが，治療期間中の可動域検査結果を経時的に並べて，症状固定時よりもよい結果が出ているときがあると指摘し，症状固定時の可動域の数値は信用性に欠けるか，事故とは別原因で悪化したものだとして争われています。どう反論したものかと悩んでいまして……。

平岡：依頼者は，治療中はよく動いていたものが徐々に悪化していったと言ってるのですか？

新人弁護士：いえ，依頼者とも打ち合わせしたのですが，特にそのようなことはないと。

平岡：だとしたら，何とかしなくてはなりませんね。治療中に計測していた可動域の数値は，誰が計測したのでしょうか。リハビリ担当の人が，可動域のリハビリの後に測ったのではないですか？

新人弁護士：カルテ上だとリハビリ記録のところに記載されています。確かに，可動域のリハビリ直後に測れば，可動域は広がってもおかしくありませんし，症状固定時の計測はリハビリをやっていないと思いますから，違いが出ても不自然とはなりませんね。

平岡：後遺障害とは日常生活や職業生活上の支障に着目すべきですから，リハビリをやっていない普段の可動域を後遺障害認定の判断の基礎にするのは当然だと思います。あとはＡさんの可動域制限が，関節性拘縮の場合，悪化してもおかしくないと言われていますから，そういった原因も調べてはどうでしょうか。

新人弁護士：あと，Ａさんが症状固定時に主治医が計測してくれたやり方とリハビリの時では違うやり方だったと言っているのですが。

平岡：うーん……。ありえなくはないでしょうが……。計測方法の違いをどう立証するのかも難しそうですね。何度か病院のリハビリ担当の方に向けて交通事故に関する講演をしたことがあります。現場の方々は，リハビリ中に交通事故で困っていると相談を受ける機会が多いから，自分も交通事故の知識をつけたいと望んでいます。患者に不利益を与えようなどとまったく考えていません。純粋に治してあげたいと考えている人たちばかりです。そうであれば，リハビリ担当の方と面談して，素直に，このような可動域の記録だと，患者である依頼者に不利益になると理由を伝えて，可動域を測った時期とか，いつもの測り方などを聞いてみるのもよいかもしれません。

新人弁護士：はい，ありがとうございました。

【手関節部の障害】

傷病名	症状	症状を裏づける他覚所見 （12級以上目指す目安）
TFCC損傷	グリップしながら手関節をひねる動作時痛，前腕回内外運動可動域制限，遠位橈尺関節不安定性	MRI，MRI画像を添付した医療照会回答書，尺屈テスト・尺屈回外テスト
手関節部骨折	手関節の腫脹，鈍痛・運動時痛，可動制限，握力低下	XP，CT（関節面の不整，転位） ※舟状骨骨折では強調撮影が不可欠。 ※舟状骨・月状骨・三角骨骨折，橈骨・尺骨の遠位端骨折では，機能障害残存可能性あり。

第6

■▶ 後遺障害の諸問題，CRPS，MTBI，加重障害 ◀■

1 自賠責保険の諸問題

　交通事故を典型とする人身傷害に対する損害賠償事件というものは，人体に関する医学と，賠償責任および損害評価に関する法律が交錯する分野である。

　この人身傷害損害賠償という分野について，どのような法制度を採用するかというのは，国によってさまざまである。

　わが国では，1950年代に自動車事故による死傷者数が増大した社会的背景の下，被害者の保護をする必要性にかられて，自賠責保険制度が誕生した。自賠責保険は，強制保険制度であり，立証責任の転換や重過失減額制度等を採用し，交通被害者に最低限の保障を与えることに大きな意義が存在している。

　しかしながら，自賠責保険制度が誕生して60年以上が経過した現在，自賠責保険にもさまざまな課題が見られるようになった。

　たとえば，統計によると自賠責保険のみしか加入しておらず，任意保険や共済に加入していないドライバーが2割以上いる。すなわち，交通事故の被害に遭った場合，2割以上の確率で十分な損害賠償を受けられない可能性がある。被害者保護を重視するならば，強制保険の賠償水準を引き上げることですべての被害者に十分な補償制度を準備すべきではないだろうか。

　あるいは，わが国では，事故に対する被害者の帰責性を問われ，賠償額から減じられるという過失相殺がなされるが，国家によっては，歩行者に限っては原則として過失相殺をせず，十分な補償を受けられる国も存在する。

　わが国に自賠責保険制度が誕生した当初，増大する交通事故被害者に対して

迅速な救済を実現するために，現在まで残る最低限の保障を作ったということは評価に値する。しかし，それから60年以上も経過し，時代が大きく変わったにもかかわらず，ほとんど同じ制度のままというのは，どういうことなのであろうか。

先日，サリュのリーガルスタッフが問題提起していたことであるが，自賠責保険の保険金は，別表第二1級であれば，昭和39年の保険金額は100万円であったものが，徐々に改定され，平成14年改定によって3,000万円となっている。しかし，傷害部分については，昭和39年は30万円であったものが，昭和53年に120万円となって以降，変更はない。

昭和53年の大卒初任給が10万5,500円であったことからすれば，実は自賠責保険の補償の程度は相対的に下がっていると考えられないだろうか。

自賠責保険は，確かにわが国の大切なインフラの1つである。しかし，同時に不十分であり，まだまだ改善していく余地がたくさんあることを知っておいてもらいたい。

2　自賠責保険というセーフティネットワークから漏れる被害者がいる

さて，人身傷害の損害賠償の算定とは，ある事故によって，人がケガを負い，障害が残存した場合に，そのケガや障害が，その人の生活や仕事にどのような影響を与えるかを「経験則」に従って事実認定し，そしてそれをどのように金銭評価すべきかを考えることである。

この点，裁判官や私も含めて法律家は医学者ではないから，「医学」に関する専門的な「経験則」については素人同然である。

そのため，「医学」と「法学」の間をつなぐために，自賠責保険は，交通被害者に残存した症状について1級から14級の後遺障害等級評価を行い，それに連動する形で賠償評価をする実務がわが国では採られている。

実際のところ，交通事故の賠償交渉も，裁判でさえも，自賠責保険の後遺障

害認定を正しいものだと考えることを前提として進んでいく。

　私自身，この運用にすべて反対なわけではない。しかし，自賠責保険の判断のすべてがいつも正しいわけではないということを被害者側の弁護士は心にとめておかなくてはならない。

　日々進化している医学の発展とともに，自賠責保険も被害者救済の考えの下，随時後遺障害の認定基準を変えていくべきである。しかし，医療現場で認知された症状が，十数年経過しないと自賠責保険の基準に反映されないことも，残念ながら多々ある。

　このような場合の交通被害者は，事故によって障害を残していながら，自賠責保険が後遺障害として認めてくれないことで，適正な賠償を受けられないことになる。つまり，国家の準備した救済から切り捨てられているのである。

　過去も現在も，わが国にはそのような交通被害者が存在していることを，交通事故に携わる法律家は心にとどめておくべきである。

　たとえば，頭部外傷（びまん性）後の高次脳機能障害である。

　自賠責保険は①CTまたはMRI画像における画像所見があること，②受傷後に一定の意識障害があることを後遺障害認定のための要件としている。

　これに対し，画像所見といっても，現在の発展途上の画像技術では撮影できないにすぎず，現実に高次脳機能障害の症状が出ている患者のなかには，画像所見も意識障害もない患者がいるといわれている。

　そして，そのことは厚生労働省も労災に関する通達のなかでその可能性を認めている。

　本書執筆時点では，画像所見も意識障害もない場合に自賠責保険が高次脳機能障害を後遺障害として認めることはなく，残念ながら裁判所もなかなか認めないのが現状である。

3 　自賠責保険の基準との戦い方

(1) 「確立した専門的な経験則」という考え方

　交通事故被害者側の弁護士は，依頼者のために，自賠責保険の基準について訴訟で争わなくてはならない場面がある。

　その際のヒントを提供したいとの思いで，以下述べることにする。

　まず，裁判所は一次的に，自賠責保険の判断基準（および認定）を，「確立された専門的な経験則」に従っている事実と考え，特段の反証のない限り裁判所の事実認定として採用する。

　ここで「確立された専門的な経験則」という点がポイントである。

　裁判所は，医学経験則にせよ，物理経験則にせよ，専門的な経験則については，業界や学会で「確立」している考え方を採用する。そして，交通事故事件訴訟では，外傷による後遺障害の評価について，自賠責保険の判断基準を「確立」したものと考えているのである。

　そのため，何よりも自賠責保険の判断基準（＝裁判所にとっての「確立した医学経験則」）を意識しつつ，自賠責保険の判断基準が「確立」されていないとの主張なのか，自賠責保険の判断基準によっても後遺障害として認められるべきだとの主張なのか，きっちりと理解して主張する必要がある。

　たとえば，画像所見のないことで自賠責保険から後遺障害を非該当とされたとしよう。自賠責保険は，CTやMRIのみを画像所見として認めている運用であるが，厚生労働省は，画像所見も意識障害もないのに高次脳機能障害の患者が存在することは認めている。したがって，自賠責保険の判断基準と原告を後遺障害と認めることは矛盾しない（自賠責保険の判断基準と異なる経験則を採用せよというわけではない），という関係性の主張である。

　自賠責保険の考え方はどのようなものなのか。医学的な考え方はどのようなものなのか。双方の関係はどう考えるべきなのか。

これが整理できて初めて，対等な争いの土俵に立てると思ったほうがよい。

⑵　消去法的な発想を意識する

対等な土俵に立った後は，事故前の症状，事故後（特に直後）の症状，現在の症状といった症状の推移を丁寧に立証し，事故前に存在しなかった症状が事故によって発症したこと，そしてそれが継続していることを明らかにする。

これは大変な作業だが，重要な作業である。

事故前に存在しなかった症状が，事故直後から出ていれば，その原因は通常は事故に起因すると考えるのが自然であるからだ。

人身傷害事件は，医学分野が絡んでくるので，「高次脳機能障害」だとか，そういった「傷病名」についての争いになりがちである。

しかし，本質は「傷病名」の争いではないはずである。

被害者に残存した症状が，事故によって引き起こされたか否かである。事故によって引き起こされたのであれば，その損害を賠償しろ，というシンプルな話である。

そのシンプルな主張立証の際に意識すべきこととしては，マイナスの事情をしっかりと消去するように努めることである。

事故によって症状が確かに出て現存しているとの主張が中心軸となるのだが，それに加えて事故から症状が発生したことを裏づける医学的なプラス方面の立証，たとえば脳に器質的損傷のあることの主張（たとえば，CTやMRI以外の画像や検査所見に基づく主張，意識障害があるならば意識障害を起こすだけのダメージが加わったこと等の主張がありえる）を一生懸命することになるだろう。しかし，それでは足りない。

プラス方面の立証のほか，他の原因から症状が出ている可能性を消す（マイナスを消去する）ための立証にも目を配るべきである。

たとえば，脳損傷以外には原因が考えがたいこと（たとえば，運動機能障害があるならば脊髄などの神経系統に異常はないことや，認知症などの症状がないこと）の主張を行うのである。

　この消去法的な発想については，意外と疎かにしがちである。裁判所は，いくらプラスの立証を積み上げても，そのほかの可能性を消去しきれない場合には踏み込んだ判断はしてくれないことを胸に刻んでおきたい。

(3)　CRPSにおける実際のケース

　この主張方式で，自賠責保険からは認定されなかった症状について裁判でよい結果を残せた事例があるので紹介したい。

　CRPS（複合性局所疼痛症候群）と呼ばれる傷病がある。これは，先行するケガ（たとえば頚椎捻挫）に引き続いて，重篤な痛みなどの症状（たとえば上肢の激烈な痛み，可動域制限等）を引き起こす難疾患である。

　自賠責保険は，CRPSを後遺障害の対象としているが，その要件としてはCRPS様の症状のほかに，①関節拘縮，②骨萎縮，③皮膚変化の3点を要求している。

　しかし，実際のところ，交通外傷後，CRPSと診断された被害者のなかには，この3点のどれかが欠けている（骨の萎縮が多い印象である）ため，後遺障害として認定されないことが多々ある（14級9号とされているケースも多い）。

　我々の依頼者は，交通事故後，重篤なCRPSを発症したのだが，②骨の萎縮が画像上なかったために自賠責保険では14級9号の認定しか出なかった。

　そこで，まだ現役の年齢なのに仕事もできず，痛みに耐える生活を送らねばならない被害者のために，我々は訴訟に踏み切ったのである。

　先に述べたとおり，最初に行うのは土俵に上がること，つまり，自賠責保険の認定基準と被害者のCRPS，特に骨の萎縮がないという点の関係について整理することである。

　この点，CRPSという傷病の歴史を紐解いてみると，1800年代から医学会で認識されているものの，いまだに原因や病理が解明できていない傷病であることがわかった。

　原因や病理が未解明であるために，国際疼痛学会の定めた診断基準もあるが，わざわざ「今後の研究対象の基礎」とするための診断基準であると記載されて

いるような傷病なのである。

　このような傷病であるからには，自賠責保険の認定基準，特に②骨萎縮が必要であるということが，CRPSという病態を判断する医学経験則とは到底言えない。

　このことをまずは強く主張した。

　そして，現に裁判所自身も過去に「被害者の迅速な救済のために定型的な基準を必要とする労災ないし自賠責認定においては，骨萎縮を要件とすることは理解できるものの，訴訟上の判断はそれに拘束されるものでは」ないとする東京地判平成20年3月18日や「RSDの発生機序，病態等について，未だ医学界のコンセンサスを得た見解が確立しているとは言い難い状況にあることからすると，労災保険または自賠責保険における診断基準等により一義的に認定することも相当ではない」とする東京地判平成20年5月21日を引用し，裁判所もCRPSに関する自賠責保険の認定基準を確立した医学経験則に従ったものだと認定していないことも付加した。

　その上で，事故前に症状がなかったこと，事故後の症状の立証（CRPSは事故後しばらくしてから発症するのが通常である）をした。

　工夫したのは，原告は後遺障害等級7級に相当すると主張していたのだが，その立証として，脊髄損傷になった患者が作成する「脊髄症状判定用」のシートを用いたことであろうか。

　同じ神経系統の脊髄損傷の被害者の場合，このシートの点数を等級の目安とするのであるが，原告はこのような症状だから何点であり，何級とするのが相当であると主張したのである。

　あとは，保険会社の顧問医の意見書の作成にあたって，原告に残存した症状がCRPSでないのであれば，何を原因と考えるのが医学的に正しいのか，意見をほしいと要望したことである。

　保険会社の顧問医の典型的な意見のパターンは，原告の主張する傷病名が妥当ではない，とのみ意見してくることである。それこそ，「傷病名」勝負となってしまう。大切なのは，どの「傷病名」が正しいのかではない。原告の残

存症状が事故から起こったのか，他の原因から引き起こされたのか，である。

　そのため，顧問医の意見書についても，ただ主治医の診断名を否定するものではなく，真実解明に向けたものであるようにと要望したのである。

　これに対しては，保険会社側の意見書は，精神疾患であるとの回答があった。つまり，争点は原告の症状はCRPSか，精神病かの二択になったのである。

　結果としては，原告本人尋問を行った後，裁判所から9級相当（ただし素因減額あり）との和解案が出た。素因減額については不服であったが，難しい訴訟をやっているとの認識のあった依頼者がこの結果にとても喜んでくれ，和解により終結した。

　自賠責保険の判断を争うケースでの1つの争い方として，参考にしてもらえればと思う。

4 　自賠責保険の制度そのものがおかしいケース

(1)　自賠責保険の制度そのものがおかしいとして裁判で争ったケース

　もう1つ，自賠責保険の制度そのものがおかしいとして裁判で争ったケースを簡単に紹介しておく。

　もともと脊髄損傷で車いす生活だった方が，車に衝突されて頚椎を痛めた結果，首の痛みや上肢のしびれが生じた，という事案である。

　自賠責保険は，既存障害と「同一部位」の新得障害については，既存障害から等級として重くなった場合にのみその差額を支払うという運用をしている。**加重障害**と呼ばれるものである。

　自賠責保険は，このケースで，既存障害を脊髄損傷として神経系統最重度の1級であると判断した。そして新得障害は局部神経症状として14級である。新得障害として14級を得ても，1級はこれ以上重くならないので後遺障害として加重しない，という判断がなされるのである。

　ちなみに，既存障害がこの件のように脊髄損傷ではなく，高次脳機能障害で

あっても，脳梗塞であっても同じ結論が導かれる。

(2) おかしくないか？

しかし，考えてほしい。

脊髄症状は，確立した医学経験則として，損傷部位以下に症状が出る。つまり，脊髄損傷があっても，損傷部位（本件は胸髄）より上は毀損されていないのである。

本件の依頼者も，事故前は車椅子ながらもテニスやマラソン等に積極的に取り組み，仕事もしていたのである。

しかし，毀損されていなかった頚椎が，本件事故によって負傷し，痛みやしびれなど新たな症状を引き起こし，車いすの移乗等日常生活に支障が大きく出たのだ。

それこそ，交通事故による損害と言わずして何を損害というのであろうか。

そこで，我々と依頼者は，脊髄損傷があっても，医学的に無関係な頚椎を損傷した場合，加重障害の対象となる「同一部位」に該当しないため，14級9号を別途認定すべきとして，自賠責保険と加害者を提訴したのである。

これに対して，裁判所は「同一部位」に該当せず，別個の後遺障害を認める，との判決（さいたま地判平成27年3月20日，東京高判平成28年1月20日）を出してくれた。

この結果，自賠責保険は運用を変更し，現在ではこのような事例では加重障害とはならず，別個に14級9号が認定されるに至っている。

このように，自賠責保険がルールを決めた当時は，正しいと思われていたことが，時代の変化によって，現在は正しくないと言うべきことがあるのだ。

時代に合わない部分は，我々被害者側の弁護士が積極的に争い，自賠責保険の運用を変えていく必要があると考えている。

(3) 加重障害，同一部位，その発展形

ところで，紹介した判決は重い既存障害（胸髄損傷）と軽い新得障害（頚椎

捻挫）の関係であったが，その反対もある。

　たとえば，事故によって高次脳機能障害7級を得たが，既存障害として変形性膝関節症があるとして12級相当の障害があったので，それを加重障害の原理で差し引くとの運用である。

　前述した判決の理屈から言えば，既存障害は膝の症状であり，痛みなどがあったかもしれないが，新得症状は高次脳機能障害であり，対人関係能力等に影響がある障害である。これは損害として同一の評価ができないものであり，「同一部位」とはいえないはずである。

　したがって，加重障害として差し引きすべきではない。

　今も時折そのケースを目にし，現に受任中である。これも，いずれ裁判で運用を変えるべきだと我々は考えている。

③建物改造費

1　家屋改造費の問題

　交通事故で後遺症が残った場合，手すりの設置や段差の解消等，自宅を改造しなければならなくなる場合がある。この費用についても，必要性・相当性があれば損害として認められる。しかし，どのような場合に必要性・相当性が認められるかが明らかではない。そこで，いくつかの判例から，その傾向を検討する。

2　必要性

(1)　代替性の有無

　必要性とは，文字どおり改造が必要か否かという問題であるが，判例では「そのような改造以外の方法で足りるか」という代替性が大きな基準になっていると考えられる。

①　必要性否定例

　たとえば，東京地判平28.1.22交民49.1.55（以下「判例①」という）は，原告がウッドデッキを使うための段差解消費用を損害として主張したのに対し，「ウッドデッキについては，原告は，洗濯を行う際にも，外に洗濯物を干すのではなく，乾燥機を使用するなど，日常生活を送る上で上記ウッドデッキを利用する必要性がさほど高くないのであって，ことさら室内と上記ウッドデッキとの段差を解消する必要性に乏し」いとして，必要性を認めなかった。ここでは，ウッドデッキに代わる乾燥機という代替手段の存在が考慮されている。

　また，大阪地判平19.2.21交民40.1.243（以下「判例②」という）では，原告X1が介護のためのスペースを確保するため，介護用品，衣類，消耗品類等を収納するための収納室が必要であると主張したのに対し，「既存のスペースを活用して，衣類等を収納することも可能であ」るとしている。さらに，同判例は，介護に伴い，タオル等を洗濯する頻度が増加し，天候にかかわりなく洗濯物を干すためのスペースを確保するため，ベランダのテラスに上屋根を取り付ける必要があるという主張に対しては，「庭や屋内に洗濯物を干すことで一定程度対応することが可能であ」るとし，原告X1が体温調節できないため，

居室の床に床暖房を設置する必要があるという主張に対しては，「原告X1は大半をベッドで過ごすことからすると，他の安価な暖房器具と比較して床暖房が有効であるとは考えられず，床の上でリハビリテーションを行う場合であっても，他の安価な暖房器具を利用することで対応可能であると考えられ」るとしている。いずれも代替手段の存在が必要性を否定する根拠となっているといえる。

　東京地判平17.3.17判時1917号76頁（以下「判例③」という）では，原告が，すでに設置されている昇降リフトは，移乗の際に転倒等の危険性が高いので，これに替えてホームエレベーターの設置が必要であると主張したのに対し，「確かに，原告一郎の自宅は三階建てで，一階が工場部分，二・三階が居宅部分であり，二階に玄関が設けられていることから，通院その他で外出する際には，階段を利用することになるところ，原告一郎は左肩麻痺のために階段を利用しての昇降は不可能である。しかし，このために既に階段に沿って昇降リフトが設置されていること，リハビリテーション病院退院後の約三年間，この昇降リフトを利用して介護をしてきたという実績があること，原告一郎は，昇降リフトでは移乗時に転倒の危険があり，実際にも転倒した旨主張するが，転倒したのは過去に一回で，昇降リフトに慣れない時期であったと考えられること，その後，原告一郎が昇降リフトを使用することに支障が生じたという事情は認められないことなどからすれば，現在の昇降リフトの利用に代えて，ホームエレベーターを設置する必要性が高いものとはいえない」とし，昇降リフトという代替手段を指摘している。

② 必要性肯定例

　次に，必要性が認められた例についてみると，判例①では，「原告は，本件事故により，①(a)施行令別表第2第10級11号相当の後遺障害（左股関節の機能障害）が残り，(b)杖歩行によることとなり，歩行が不安定となるとともにしゃがむ動作が困難となり，②自宅内における移動や基本的な生活動作を行う際の転倒防止のため，自宅内の段差を解消したり，トイレや浴室等に手すりを設置する必要が生じたことが認められ」るとしている。歩行機能に障害を残した場合の手すり設置，段差解消等は，代替性に乏しく，認められやすいといえよう。

　判例②では，廊下の幅員が十分でなく，外出先から帰宅した時などに，車椅子に乗ったまま，車庫から原告X1が生活している洋室まで行くことができないことから，和室をなくし，通路を設ける必要があることが認められている。さらに，原告X1をベッドから車椅子に乗せるための移動用リフトを設置する

必要があることも認められている。これらは車いすが必要になったことに伴うやむをえない改造であり，代替性がないと評価できよう。

　また，東京地判平15.3.26交民36.2.395（以下「判例④」という）では，車いす使用者の便宜および安全性確保のために原告が居室とダイニングキッチンに床暖房設備を設置したのに対し，「原告X1の高次脳機能障害，高度痴呆の後遺障害からすれば，安全性の観点から本件事故との相当因果関係を認め得る」と評価されている。これについては，脳にも障害があるため，ストーブ等の安価な暖房器具では誤用による危険があり，代替性がないといえよう。なお，高次脳機能障害（3級3号）の有職主婦（52歳）につき，退院後，火災防止のためガスコンロをIHクッキングヒーターに切り替えた費用として，9万余円を認めた判例（東京地判平24.6.20自保ジ1878号65頁）もあり，同様に理解できる。

(2)　前提の是非

　次に，当然のことながら，改造が必要となる前提が否定されれば，必要性も否定されることとなる。

①　必要性否定例

　判例②では，原告X3が台所で作業を行っている間も，適宜，原告X1を看守する必要があることから，キッチンの位置を変更する必要があるという主張に対し，「ある程度の間隔で原告X1を監視する必要性は認められるものの，常時の監視を要する状態であるとは認められ」ないとしており，キッチンの位置変更の前提であった常時監視の必要が否定されている。また，原告X1がベッド上でおむつを交換し，ポータブルトイレを使用し，入浴するため，ベッドの周囲に目隠しのためのカーテンを設置する必要があるという主張に対し，「全て屋内で行われることであり，目隠しは不要と考えられ」るとして，目隠しが必要という前提を否定した。

②　必要性肯定例

　名古屋高判平19.2.16自保ジ1688号3頁では，「腰壁パネルの設置工事は，室内で車いすを使用する場合に家屋の損傷を防ぐための設備であるところ，現在，控訴人X1は室内では車いすを使用していないが，証拠によれば，控訴人X1は歩行能力に障害があり，補助具を使用し，介助なしには歩行ができず，移動は本来車いすが中心であって，現在，自宅内で車いすを使用していないのは，歩行機能の維持のために控訴人X2があえて使用させず，介助により歩行させることを励行しているためであること，介助のない場合は，車いすを使用しな

ければ床上をはって移動せざるをえないこと，控訴人X1が成長して体格がよくなってきたために控訴人X2による歩行の介助はかなりの困難が伴うことがそれぞれ認められるのであり，これらの事実に照らすと，控訴人X1，控訴人X2双方の生活上の必要性から，早晩車いすを室内でも使用しなければならなくなる可能性は高いものといえ，したがって，車いす使用を前提とした腰壁工事の必要性が認められる」として，車いす使用という前提について詳細に検討されている。

(3)　その他

このように，家屋改造費が否定されるのは，代替性があるパターンか前提が否定されるパターンかに大別されるが，その他の理由で否定されたパターンについても見ておく。

判例②では，地震が起きた時に原告X1が自力で脱出することは困難であるから，自宅に耐震補強を施す必要があるという主張に対し，「耐震補強の必要性は，大地震が発生する可能性がある地域内の耐震構造に不備がある建物については一般的にその必要性があると認められ，原告X1が本件事故により自力脱出が困難な状態になったことは確かであるとしても，耐震補強の必要性が本件事故によって生じたとまではいえない」とされた。ここでは原告X1が自力脱出困難という前提は認められているし，代替性についても言及されていない。しかしながら，事故と耐震補強とのつながりがあまりにも弱いために損害として認められなかったといえる。

3　相当性

仮に必要性が認められたとしても，その改造が不相当に高価である等の場合には，改造費の全額は認められず，一般的に相当な範囲でしか認められない。

大阪地判平21.1.28交民42.1.69（以下「判例⑤」という）では，「原告ら宅は，原告X1の看護のため，段差の解消等，その主張にかかる改築（バリアフリー改修工事）をする必要があること，これについて原告らは，改築費用として1,138万8,300円の見積を受けたことが認められる。そして，前記認定の原告X1の傷害内容に照らせば，上記改築工事は，基本的には，その必要性を認めることができる」として，必要性を認めた。その上で，「居宅を改造する場合においても，どの程度のものとするのか，特に，工事や取り替えるべき部材の範囲，グレード等については，専門家の間で必ずしも意見が一致しておらず，より少ない費用でも足りるとの被告らの主張を一概に排斥できないこともうか

がわれる」とし，「本件事故と相当因果関係のある損害は，上記見積金額に対し，材質その他仕様について一定割合を控除することにより，8割の限度で工事代金を認め」た。このように，より安い価格で必要な改造ができると認められる場合には，損害額が減額されうる。

4　改造による価値向上等

　後遺症のために家屋を改造した結果，家屋の価値が上昇したり，事故の被害者以外の同居人が改造の便益を受けたりする。これらをすべて加害者の負担とするのは不公平であるため，裁判所で調整がなされる場合がある。

　判例⑤では，「当該工事によって原告ら宅の便益や価値が向上する面もあることを考慮し，さらに2割の限度で減額することが相当であると考える」とされている。

　判例③では，「現在の自宅内の状況では，段差やドア等があるため，車椅子での移動を円滑に行うことができないこと，車椅子のままでの洗面台の使用が困難であること，浴室内の段差が大きいことが認められる。前記二⑵の原告一郎の後遺障害の内容・程度及び介護の状況を総合すると，このような不都合を解消するため，部屋を拡充し，浴室や洗面所等を改修する必要性が認められる」とした上で，「浴室，洗面所，廊下等のバリアフリー化や居室の拡充はいずれも原告一郎だけでなく，同居する家族の生活の利便性を向上させるものでもあることも考慮すると，その約70％に当たる510万円をもって本件事故と相当因果関係のある損害と認めるのが相当である」として3割が減額されている。

　一方で，判例④では，「被告らは，家屋改造により家族の生活利便性が向上した分は損害から差し引いて考慮すべきである旨主張する。この点，バリアフリーとなり床暖房設備が設置されたことからすれば，原告X2にとっても生活利便性は若干向上した面が存することは否定できないが，前記⑴ア，イのとおり，原告らの居宅はもともと平成5年1月26日新築の建物で生活スペースは1階部分に限定されていたものであり，従前はダイニングキッチンと8畳及び6畳の和室2部屋が原告ら2人の共用スペースであったところ，改造によって8畳の和室が原告人X1　1人の専有スペースとなってしまったこと等からも明らかなように，むしろ不便となった面のほうが多いものと考えられるので，被告らのかかる主張は採用できない」として被告の主張を斥けた。便益については，家屋の使用形態も考慮に入れて，現実に同居人が享受するものかが検討されている。

　最後に，同居人の便益につき，やや特殊な判断をした判例を検討する。名古屋地判平11.7.19交民32.4.1145では，「証拠によれば，原告X1が自宅において車椅子での生活が可能となるようにするため，その隣地を1,069万2,500円で購入した上，自宅を二階建てとし，玄関，廊下，子供室，浴室及び便所を増築し，カーポートを設置する等の増改築を行い，家屋改造費として3,000万円を支出したことが認められる。この点につき被告は，原告X1の付添介護者がいることを前提として原告X1の生活空間を寝室・トイレ・風呂を中心として車椅子によって移動することを想定し，家族用の玄関とは別に原告X1が自宅に出入りするためのスロープを設置するとともに既存建物の六畳の和室を改造してケアビリシステムを導入した場合の費用は456万7,500円で足りる旨，また，右システムを導入することなく既存建物の六畳の和室および主寝室を改造した場合の費用は673万500円で足りる旨を主張し，これに沿う証拠もある。たしかに，原告X1が自宅内において日常的に生活を営むことに限定すれば右の設備で医学的に必要とされる範囲であるということもでき，また，原告らの行った家屋改造には二階の増築，カーポートの設置等原告X1の家族のための利便が大きいと認められる部分もある。しかし，証拠によれば原告X1の家族との交流，社会参加のためにも玄関は家族と共有のものにし，各部屋との往来を容易にする改造が望ましいことが認められ，バリアフリーの理念が一般化しつつある現在の社会情勢の下においては，被告主張の工事ではこれらの目的を実現するに足りないというべきである。もっとも，前記のとおり，被告主張の家屋改造によっても原告X1の医学的に必要とされる範囲の改造は実現されること，原告らの行った家屋改造においては資産価値を有する隣地の購入費用が含まれるほか，原告X1以外の家族の利便に供する部分も大きいこと等を考慮すると，原告らの支出した家屋改造費等のうち被告に負担させるべき金額としてはその5分の1とするのが相当である。したがって，本件事故と相当因果関係を有する家屋改造費等は813万8,500円（計算式（10,692,500＋30,000,000）÷5＝8,138,500）となる」とされている。

　同判例では，被告から提示された代替手段の合理性を認めながらも，バリアフリーの理念等の観点から改造の必要性を肯定している。しかし，改造によって価値が増加したり家族の利便に供したりする部分が大きいことから，5分の1という大幅な減額を行っている。これは，結論のバランスを取るための特殊な判断といえ，一般的には2割や3割の減額が多い印象である。

補章 1
キーワード集

・ROM

関節可動域のこと。Range Of Motion。アールオーエムと読むのが正しい。自力で動かせる範囲を示す自動値（active）と他人が動かせる範囲を示す他動値（passive）がある。訴訟をすると，医療記録を調査嘱託で開示され，治療中の可動域の推移を厳しくチェックされる。なお，パソコンの世界ではロムと読み，読み出し専用記憶装置のこと。

・赤い本

公益財団法人日弁連交通事故相談センター東京支部が発行する民事交通事故訴訟損害賠償額算定基準の別称。交通事故弁護士にとってのバイブルともいえる書籍。なお，「赤本」は，大学入試の過去問集のことである。

・一括対応

対人社が医療機関から治療費の請求を受け，医療機関に支払うこと。楽しい時間と並んで，最も早く終わってしまうものの１つ。

・一般財団法人自賠責保険・共済紛争処理機構

　自賠責保険から支払われる保険金に関する紛争を解決するための判断を行う第三者機関。第三者＝中立公正，子どもにはそう教えたいものである。

・医師面談

弁護士が病院まで医師に会いに行き，医師から医学的知見や診療内容などを聞き取る活動。依頼者（患者）の同意書は必須。病院によって手続が異なるので事前に確認すること。病院規定の費用を取られる。保険会社は多用するが，弁護士が医師面談をすることはそれほど多くないため，医師面談を申し込むと医療過誤裁判を警戒されてしまうことすらある。そこで，医師面談をする場合，最初に自分がどちら側の弁護士で，何のために来たかを明らかにするとスムーズである。

・医療照会

書面で医師に質問をし，回答してもらうもの。規定の費用がかかる。医師面談をした後，医療照会をするのがセオリーだが，病院によっては医師面談をしない方針の病院もあり，いきなり医療照会をせざるをえないときもある。

・XP

X-ray photographyの略。レントゲン写真の略。

・MRI検査

Magnetic Resonance Imaging(磁気共鳴画像)の略。磁力と電磁波によって，身体のあらゆる部位の断面像を撮ることができる画像診断装置。3.0テスラMRIと1.5テスラMRIがあり，前者のほうが用いる磁力が強く，高解像度な画像を得られる。近年，MRIを用いた特殊な画像検査法であるSWI（susceptibility-weighted imaging）が注目されている。これは，微小出血の検出に優れているため，従来のMRI検査では立証できなかった小さな脳損傷を証明する手段になりうる。

・MMT

徒手筋力検査。神経学的検査の１つ。関節を可動する筋力があるかを検査する。５から０の６段階であり，５が正常。

・加重障害

自賠法施行令２条を根拠とする。既存障害がある人が交通事故によって後遺障害を得た場合に，既存障害からより重くした部分しか支払をしないというルール。真っ当なルールであるが，神経症状における運用において不合理さが残る。詳しくは本文224頁参照。

● 過剰診療

適切な頻度や内容を超える治療。そもそもどのような診療をするかは医師の専権であり，被害者はほぼ選択の自由がないにもかかわらず，後に保険会社や裁判所から過剰な治療だとして，治療費の一部が結局被害者の負担となってしまう不合理極まりない状態。

● 画像所見

医師が画像を読影したその評価。

● 経過診断書

自賠責保険様式の診断書。一括対応の場合，原則として毎月作成医療機関から対人社に送付される。

● 腱反射

神経学的検査の1つ。人の意思に反して体が動いてしまうことを不随意運動というが，その代表例。人の意思が介在しづらいだけに信用性の高い検査とされる。反射異常が出る場合，その部位を支配する神経の異常が疑われる。たとえば，上腕二頭筋反射（C5およびC6支配），腕橈骨筋反射（C6支配），上腕三頭筋反射（C7），手指屈筋反射（C8支配），膝蓋腱反射（L4支配），アキレス腱反射（S1支配）などである。反射が亢進（強く出る。↑や＋＋で表記）の場合は脊髄の損傷を疑い，低下・消失（↓や−）の場合は神経根の損傷を疑うことになる。

● 後遺障害診断書

自動車損害賠償責任保険後遺障害診断書。症状固定およびその時点の残存症状を証明する書類。サリュでの通称は，「KSS」。

・後遺障害等級

自賠法施行令別表１および２に定められている等級。等級区別の制度設計および運用は，労災保険に準拠するとされている。しかし，労働災害は，対象として健康な労働者を想定しているのに対して，交通事故は，健康・不健康，老若男女問わず，誰しもが被害者になりうるものである。それにもかかわらず，労災保険の基準に準拠する。このことの是非を，そろそろ真剣に議論するときではないだろうか。

・交通事故被害

自動車の運行に起因して，生命，身体または財産が侵害を受けること。また，交通事故後に適切な損害評価と賠償を受けられないこと。

・固定経費

経費のうち，家賃などのように営業活動をしなくてもかかってしまう経費のこと。交通事故賠償の世界においては，自営業者の基礎収入を算定する際に非常に重要な概念。確定申告書の収支内訳書を確認し，固定経費が何か，流動経費が何かを選ぶ。

・ＣＴ

Computed Tomography（コンピュータ断層撮影）の略。エックス線を使って身体の断面を撮影する検査。撮影時間が短く，体内にボルトやペースメーカーがあっても撮影可能な点がMRIよりも優れている。CTのマルチスライス画像を３Ｄ構成した３DCT画像であれば，関節内の骨折等で骨折箇所が確認できるため有効である。

• 事前認定

対人社が自賠責保険に対していくら保険金が支払われるか確認するために行う等級認定等申請の手続。被害者請求と事前認定の一番の違いは，請求主体が等級獲得を真に望んでいるか否かである。

• 自賠責保険

自動車損害賠償責任保険。自動車所有者に加入が強制される保険。その設立目的である「被害者救済」をぜひとも全うしてもらいたいものである。

• 主婦（主夫）

自分以外の人のために家事に従事する人。家事労働の損害は，現在は賃金センサス女性全年齢を基礎として裁判所は認めている。裁判所の運用が固まるまで，家事労働者の損害の有無について熾烈に争われたことは容易に想像ができる。交通事故被害者側で戦った先輩たちに敬意を表したい。

• 症状固定

医学上一般に承認された治療方法をもってしても，その効果が期待しえない状態で，かつ，残存する症状が，自然的経過によって到達すると認められる最終の状態に達すること。では，症状固定時期を決めるのは誰か？　まず，この定義は，裁判例からの引用である。ということは，いつ症状固定となったか，これは事後的な評価の問題である。したがって，保険会社が一括対応を終了するその行為時に決まるものでない，これだけは確かである。

・人身事故証明書入手不能理由書

自賠責保険に対する保険金請求にあたって，自動車安全運転センターが作成する事故証明書が必要であり，原則として「人身事故」との記載が必要である（この記載のある事故証明書を「人身事故証明書」という）。しかし，事故の発生が警察に届け出られていない，物件事故扱いになっている等で人身事故証明書が準備できないときがある。そのときは，この入手不能理由書を代わりに提出する。保険会社が入手不能理由書を作成すると，事故軽微を理由にすることが多い。後遺障害認定に不利に働くことがあるので，可能ならば被害者側で作成したい書類の１つ。

・診療報酬明細書

別称レセプト。本文22〜23頁掲載のものは自賠責様式。労災保険用の様式もある。病院が治療費を対人社，健康保険，労災保険等に請求するために治療内容や治療費を記載して送付する。「シンメ」と略す人がいたら，その人は通である。

・施術証明書・施術明細書

接骨院が作成する書類。入手したら，まず病院の診断書と施術部位が合致しているかを確認しておきたい。

・損害保険料率算出機構

自賠責保険等の基準料率を算出して会員保険会社に提供する機関。自賠責保険会社からの依頼で同機構の自賠責損害調査事務所の担当者が被害者の損害調査や後遺障害認定調査を行う。その判断は，タイ料理と並んで，最も辛いものの１つ。

・賃金センサス

賃金構造基本統計調査。性別，年齢，学歴等の平均賃金額が掲載される。我々の実感に反して，毎年なぜか上がり続ける。

・被害者請求

被害者が加害者加入の自賠責保険に直接損害てん補や後遺障害の等級認定を請求する手続。

・併合

自賠責保険において，複数の後遺障害が認められた場合のルール。12級と12級なら併合11級になるといった形で決まっている。12級と14級なら12級のままという14級を無視する併合ルールが非常に不合理。詳しくは本文153頁参照。

・労災必携

一般財団法人労災サポートセンターが発行する『労災補償　障害認定必携』の略。交通事故の後遺障害は労災に準拠する。そして交通事故の後遺障害認定基準は公表されていない。そのため，交通事故被害者側の弁護士は，本書を必携し，後遺障害について検討することが有用となる。持っていなければすぐに購入しておきたい。

補章 2
書式集

【相談カード】

相　談　カ　ー　ド　来所					
弁：平　ス：上					

	相談予約日	令和2年4月3日（金）　13：00		性　別	男性
				年　齢	42歳

相談者	フリガナ	████　████		紹介者・媒体等	
	氏名	████　████　様			
	住所	東京都███████████			
	TEL	██████████	FAX	████████	
	携帯電話	████████	メール	████████	
	職業	会社員（運送業）　　（事故前年収入：約500万円）			
	相談は誰のことですか	本人			

■事故について　　事故日：令和元年9月15日　17時頃
　　　　　　　　場　所：東京都中央区
　　　　　　　　態　様：（相談者）車×トラック（相手方）
　　　　　　　　赤信号停車中に後方から前方不注視の相手に追突された。
　　　　　　　　人身切替：済
　　　　　　　　事故時：私用
■物損：修理費40万円で済
■傷病について
　　傷　病　名：頚椎捻挫
　　通院状況：当日救急搬送なし，翌日月曜に初診（███████病院）→　同院に合計50日通院
　　画　　　像：ＸＰのみ
　　症　　　状：頚部痛（天気が悪いと痛みが強くなる）
　　症状固定：令和2年4月2日　→　後遺障害診断書作成済
　　等　　　級：未
■相手方
　　加害者名：████　██
　　保険会社：███████████
■既払状況
　　治　療　費：対人社
　　休　業　損　害：有給取得あり
　　通院交通費：車で通院
■弁特：あり　　　　　　　　人身傷害保険：不明
■過去の事故歴：なし
　　既往症：なし
■相談内容：主治医の先生から今日で症状固定と言われ，後遺障害診断書を作成してもらっ
　　　　　た。今後，どう進めたら良いか。

受信日	令和2年4月2日（木）　15：30	来所予定人数	1名様	受付者	上野

【受任通知】

██████████保険株式会社
██████████████
████████████████
ご担当：███████ 様

2020年4月10日

〒████████
東京都中央区████████
████████████████
弁護士法人サリュ　銀座事務所
TEL（03）████████ FAX（03）████████
████████氏代理人
弁護士　平岡　将人

受任通知書

拝啓　時下益々ご清栄のこととお慶び申し上げます。
　当職は，████（以下「委任者」といいます。）より，下記に関する損害賠
償請求事件を受任いたしました。今後，本件に関する委任者あてのご連絡につき
ましては，すべて当職までお願いいたします。
　本件事故による損害を確認するため，
　①交通事故証明書
　②診断書，診療報酬明細書，施術資料，調剤資料等の医証
　（以上，原本照合印ご捺印をお願いします）
　③通院交通費資料
　④休業損害証明書
　⑤物損関連資料
　⑥既払額一覧表
等の資料が必要となります。お手数ではございますが，貴社にて保管しており
れます委任者の資料一式を当職あてにご送付ください。
　よろしくお願い申し上げます。

敬具

記

・事　故　日：令和1年9月15日
・当　事　者：████氏及び████氏

以上

【経過診断書】

診 断 書

傷病者	住　所	東京都中央区■■-■-■		
	氏　名		男・女　明・大・㊝・平・令53年　■月　■日生	

傷　病　名	治療開始日	治ゆまたは治ゆ見込日	
頚椎捻挫	2019年　9月　16日	年　　月　　日	治　ゆ 治ゆ見込
	年　月　日	年　月　日	治　ゆ 治ゆ見込
	年　月　日	年　月　日	治　ゆ 治ゆ見込
	年　月　日	年　月　日	治　ゆ 治ゆ見込
	年　月　日	年　月　日	治　ゆ 治ゆ見込

病状の経過・治療の内容および今後の見通し　　　（受傷日 2019年 9月 15日）
（手術のある場合は実施日をご記入ください）

交通事故にて受傷、翌日来院。
頚部痛持続により投薬・リハビリ継続したが症状固定により4/2終了。

主たる検査所見

初診時の意識障害	程度 なし・あり（	継続時間 日　　時間）
既往症および既存傷害	なし・あり（　　　　　　　　　　　　　　　）	
後遺障害の有無について	なし・あり・未定	

入院治療	日間 自　年　月　日・至　年　月　日		（診断日） 2020年4月2日
通院治療	200日間（内実日数　50日） 自　2019年　9月　16日・至　2020年　4月　2日		治　ゆ 継　続 転　医
ギプス固定期間	固定　　　除去　　　固定具の種類 自　年　月　日・至　年　月　日（　）		⟨中　止⟩ 死　亡
付添看護を 要した期間	日間 自　年　月　日・至　年　月　日		理由

上記の通り診断いたします。
　　　　　　　　　　　　　所 在 地　東京都中央区■■-■-■
　　（作成日）　　　　　　名　　称　■■整形外科　　　　　　電話03（■■）■■
令和 2年 4月 3日　　　　医師氏名　　　　　　　　　　　　　　　　　印

245

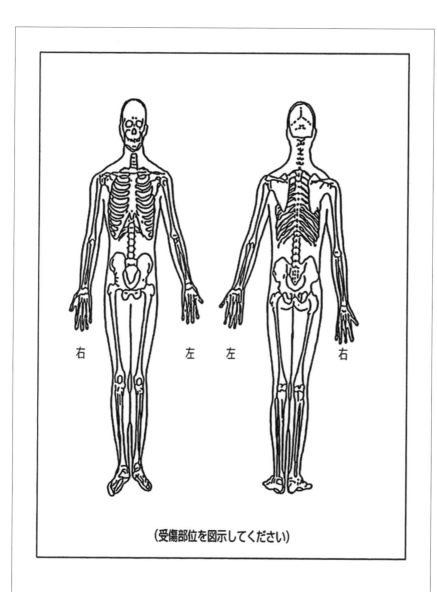

右　　　　左　　左　　　　右

（受傷部位を図示してください）

【診療報酬明細書】

	令和 2 年 3 月分	自動車損害賠償責任保険・共済　診療報酬明細書	（入院外）

被保険者証の記号・番号		診療の種類	継保関係	労災	自由診療	その他	傷病起因	療務上	通勤途上	その他
被保険者名										

氏名	■■　■■	明・大・昭・平・令 53 年生　男・女 42 才	受傷日	令和 1 年 9 月 15 日	診療実日数
			初診日	令和 1 年 9 月 16 日	5 日

傷病名	頚椎捻挫	診療期間	自令和 2 年 3 月 1 日　自令和 2 年 3 月 31 日	転帰　治ゆ・継続・転医・中止・死亡

診療内容		点数	金額		摘要
11 初 診　時間外・休日・深夜・乳幼児		点	円	(12)	*再診料、再診　明細書発行体制等加算　74 × 5
10 再診	12 再　診　74 × 5 回	370	7,400	(40)	*消炎鎮痛等処置（器具等による療法）　35 × 3
	12 外来管理加算　　×　　回				
	時間外　　×　　回			(80)	*処方箋料（その他）　68 × 1
診察	休 日　　×　　回				*リハビリテーション総合計画評価料1　300 × 1
	深 夜　　×　　回				*運動器リハビリテーション料(Ⅱ)　1単位　170 × 2
	13 医学管理				リハビリテーション実施日数　2日
	その他				対象疾患者　頚椎捻挫　発症令和1年9月16日
	小計	370	7,400		*【自賠責】診断書 5500円　　¥5,500 × 1
					【自賠責】明細書 5500円　　¥5,500 × 1
20 投薬	21 内服　薬剤　　　　単位				
	調剤　　×　　単位				
	22 屯服　薬剤　　　　単位				
	23 外用　薬剤　　　　単位				
	調剤　　×　　単位				
	25 処方　　×　　回				
	26 麻毒　　　　　回				
	27 調基				
	小計				
30 注射	31 皮下筋肉内　　　回				
	32 静脈内				
	33 その他				
	小計				
40 処置	3 回　薬 剤 等	105	2,100		
	小計	105	2,100		
50 手術麻酔	回　薬 剤 等				
	小計				
60 検査	回　薬 剤 等				社会保険への請求額　　　　　　円
	小計				患者負担　負担割合（　　％）　　円
70 画像診断	回　薬 剤 等				小　計　　　　円
	小計				
80 その他	処方せん　1 回	68	1,360		診断書料　1 通　5,500 円
	リハビリテーション等	640	12,800		明細書料　1 通　5,500 円
	薬 剤 等				その他　　　円
	小計	708	14,160		小　計　11,000 円
合　計（1点単価　20円）		1,183	23,660		総請求額　34,660 円

通院日に	3月	1 ② 3 4 5 6 7 8 ⑨ 10 11 12 13 14 15 ⑯ 17 18 19 20 21 22 ㉓ 24 25 26 27 28 29 ㉚ 31	計 5 日
○をつけてください。	月	1 2 3 4 5 6 7 8 9 10 11 12 13 14 15 16 17 18 19 20 21 22 23 24 25 26 27 28 29 30 31	計　日
	月	1 2 3 4 5 6 7 8 9 10 11 12 13 14 15 16 17 18 19 20 21 22 23 24 25 26 27 28 29 30 31	計　日

上記金額 ¥　　34,660　を■■■■■■保険会社　殿

（に請求・から受領）済であることを証明いたします。
（請求または受領のいずれかを抹消し消印してください。）

令和　2 年 4 月 3 日

所在地　■■■■■■■■■■■■■■■■
名　称　■■■■■■■■■■
医師名　　　　　　　　　　　（　　床）
電　話　　　　　　　　　　　　　印

【休業損害証明書】

前年度分源泉徴収票をここに貼ってください。
（源泉徴収を実施している事業所は、前年度の源泉徴収票を添付してください。）

休 業 損 害 証 明 書
（下記の必要箇所に記入または該当箇所に○印を付けしてください。）

給与所得者（パート・アルバイト含む。）

職種役職	社員	氏名	████████████	採用日	平成 21 年 4 月 1 日

1. 上記の者は、自動車事故 により、令和 1 年 9 月 16 日から令和 1 年 11 月 30 日までの期間内仕事を休んだ（遅刻・早退した日を含む）

2. 上記期間の内訳は、
   欠勤 日 年次有給休暇(注) 12 日 遅刻 回 早退 回
   (注) 労働基準法第39条に定める使途を限定しない年次有給休暇であって、必要に応じて自由な時期に取得できる休暇

3. 上記について休んだ日は下表のとおり

	1	2	3	4	5	6	7	8	9	10	11	12	13	14	15	16	17	18	19	20	21	22	23	24	25	26	27	28	29	30	31
9 月														×	×	×	○	○		×	×	×	○			×	×	×	○	×	
10 月	○			×	×			○	×	×		×	×			○	○		×	×			○			×	×			○	×
11 月		×	×			○	×	×				×	×																		

(注) 休んだ日（年次有給休暇を含みます）には○印を記入し、勤務先の所定の休日には×印を記入してください。
※早退した日には△、遅刻した日には▽を記入しています。

4. 上記休んだ期間の給与は、

   ㋐ 全額支給した。

   ㋑ 全額支給しなかった。

   ㋒ 一部 支給 減給 した。その額は、 円

   〈計算根拠（式）記入欄〉

   内訳 { 本給は 月 日から 月 日分まで 円
        付加給は 月 日から 月 日分まで 円

   (注) 支給または減給に○印を付し、その額および計算根拠（式）を記入してください。

5. 事故前3ヵ月間に支給した月例給与（賞与は、除く）は下表のとおり。

	稼働日数	支給金額 本給	付加給	社会保険料	所得税	差引支給額
1 年 6 月分	20	378,000	0	79,828	18,170	280,002
年 7 月分	22	378,000	0	79,828	18,170	280,002
年 8 月分	17	378,000	0	79,828	18,170	280,002
計	59	1,134,000	0	239,484	54,510	840,006

(注) ①給与所得者の場合、給与の毎月の締切日： 15 日
   ②パート・アルバイトの場合
   所定勤務時間： 時 分 ～ 時 分 （1日実働 時間 分）
   給与算定基礎： ア．月給 円 イ．日給 円 ウ．時給 円

6. 社会保険（労働保険、健康保険等で、公務員共済組合を含む）から傷病手当金・休業補償費の給付を
   ア．受けた（名称および電話番号は下記のとおり） イ．手続中 ㋒ 受けない

名 称		電 話	

上記のとおりである、ことを証明します。

令和 1 年 12 月 15 日

所 在 地	████████████	電 話	████████████
商号または名称	████████████	担 当 者	████████████
代表者氏名	████████████ ㊞	担当者連絡先	████████████

【自動車損害賠償責任保険後遺障害診断書】

自動車損害賠償責任保険後遺障害診断書

氏名	■■　■■	（男・女
生年月日	昭和 53 年 ■ 月 ■ 日（ 42 歳）
住所	東京都中央区■■■一■■一■

受傷日時　2019 年 9 月 15 日

※記入にあたってのお願い
1. この用紙は、自動車損害賠償責任保険における後遺障害認定のための重要なものですから、できるだけ詳細に記入してください。
2. 障害の各部位について、他覚的所見を中心に記入してください。
3. 後遺障害の各欄は必ず記入してください。

入院期間	自 2019 年 ■ 月 ■ 日	職業	会社員
	至 年 月 日（ ）日間		
通院期間	自 2019 年 9 月 16 日	症状固定日	2020 年 4 月 2 日
	至 2020 年 4 月 2 日 実治療日数（ 30 ）日		
既存障害	なし		

傷病名　頭部挫傷

自覚症状　頭部痛　天気が悪いと特に痛い

各部位の後遺障害の内容　[各部位の障害について、該当項目や有・無に○印をつけての他覚的所見を用いて検査結果等を記入してください]

知覚・反射・筋力・筋萎縮などの神経学的検査やＸ-Ｐ・ＣＴ・ＭＲＩなどについても記載に記入してください。腱・靱・関節・筋肉障害があるものはこの障害と他覚的所見を記入してください。

2019年12月撮影MRI画像上特に所見なし

各種身体機能検査については、別紙を添付しても差し支えありません。
生活や職業上の支障の程度についても具体的に記入してください。

症状固定

診断日　2020 年 4 月 2 日
診断書発行日　2020 年 4 月 3 日

所在地　東京都中央区■■■一■■一■
名称　■■整形外科
診療科　整形外科
医師氏名　■■　■■　　印

上記のとおり診断いたします。
障害内容の増悪・緩解の見通しなどについて記入してください。

【自動車損害賠償責任保険　支払請求書兼支払指図書】

自動車損害賠償責任保険

1	保 険 金（加害者請求）	
②	損害賠償額（被害者請求）	
3	第（　）回内払金	
4	仮渡金	

支払請求書　兼　支払指図書

■■■ 損害保険（株）　　御中　　　　　　　　　　　　　　平成　2 年 ■ 月 ■ 日

貴社に対し、下記事故に係る（保険金、損害賠償額）を関係書類を添付のうえ請求します。
つきましては、下記支払指図のとおりお支払いください。なお、預金口座振込をもって受領したものとします。
また、本件事故に関して、貴社が自賠責保険の支払をするために必要な範囲で、請求者（代理請求の場合は本人を含みます）
の各種情報（被害者については、治療の内容・症状の程度を確認するための診断書・診療報酬明細書等の医療情報、および
請求権者・相続人を確認するための戸籍関連情報を含みます）を取得・利用することに同意します。

ご請求者

フリガナ	〒104-0061　トウキョウトチュウオウクギンザ　ダイイチミユキビル7カイ
現住所	東京都中央区銀座5-1-15　第一御幸ビル7階
フリガナ	ベンゴシ　ヒラオカ　マサト
氏名	弁護士　平岡　将人
昼間のご連絡先（勤務先等）	弁護士法人サリュ銀座事務所　電話 03（5537）3830
被害者との関係	本人　親族（続柄　　）　受任者　加害者側　その他（　　）

印鑑証明書の印

必ず印鑑証明書を
添付してください。

保険会社受付印

保険契約者

自賠責保険証明書番号	第■ ■■■■■■■■ 号
フリガナ	
氏名	
連絡先	電話（　　）

保有者・所有者・使用者

フリガナ	〒　-
住所	
フリガナ	
氏名	
連絡先	電話（　　）
契約者との関係	本人　譲受人　その他（　　）

請求額	￥

事故年月日	2019 年 9 月 15 日

加害運転者

フリガナ	
氏名	■■ ■■
連絡先	電話（　　）　年齢 ■■ 才　性別 男/女
保有者との関係	本人　従業員　親族（続柄）　その他（　）

被害者

フリガナ	■■ ■■
氏名	■■ ■■
連絡先	電話（　　）
職業	会社員　年齢 42 才　性別 男/女

支払指図（お支払先）

お受取人（ご請求者に同じ場合は記入不要です）

フリガナ	〒104-0061　トウキョウトチュウオウクギンザ　ダイイチミユキビル
住所	東京都中央区銀座5-1-15　第一御幸ビル7階
氏名	弁護士法人サリュ 預り金　代表員 平岡 将人　電話 03（5537）3830

預金口座（郵便局の場合は通帳番号・通帳記号をご記入下さい。）

銀行・信組／農協・漁協／信金	銀行	●● ●●
本店・当座／支店・貯金	口座	00 ●●●●
銀座支店		
郵便局 通帳 9900 記号	1	0	通帳番号
口座名義	ベンゴシホウジンサリュ
カタカナで記入	アズカリキン

摘要
1）全額
2）治療費以外
いずれかを〇印で囲んでください。

ご注意　郵便貯金への口座振込は、郵便通常貯金口座の新総合口座（ぱるる口座）

フリガナ	〒　-
住所	
氏名	
電話（　　）	

銀行・信組／農協・漁協／信金	銀行	店番
本店・当座／支店・貯金	口座	
郵便局 通帳 9900 記号	1	0	通帳番号
口座名義	
カタカナで記入	

3）治療費
治療費を病院へ直接お振込する場合〇印で囲んでください。

フリガナ	〒　-
住所	
氏名	
電話（　　）	

銀行・信組／農協・漁協／信金	銀行	店番
本店・当座／支店・貯金	口座	
郵便局 通帳 9900 記号	1	0	通帳番号
口座名義	
カタカナで記入	

3）治療費
治療費を病院へ直接お振込する場合〇印で囲んでください。

【自賠責保険用委任状】

委　任　状

〒104-0061
東京都中央区銀座5-1-15第一御幸ビル7階
弁護士法人サリュ銀座事務所
住所　TEL: 03-5537-3830　FAX: 03-5537-3840
（受任者）

氏名　弁護士　平岡　将人

私は上記の者を代理人と定め次の事項を委任します。

●●年　●月●日　発生した自動車事故の被害者　■■　■■　が受けた
損害に関し、自動車損害賠償保障法に基づく

1. 保 険 金 （共 済 金）
②. 損害賠償額 ⎰ ⑦ 全　　額
　　　　　　　⎱ イ. 医療費のみ
3. 仮 渡 金

の請求・受領に関する一切の権限。

●●年　●月●日

住所　東京都中央区■■　■　■
（委任者）

氏名　　■■　■■
（印鑑証明の印で御作成下さい）

（注）「委任者の印鑑証明を添付してください。」

【後遺障害等級認定票（非該当）】

令和2年7月10日

〒104-0061
東京都中央区銀座5-1-15
第一御幸ビル7階
弁護士法人サリュ銀座事務所
弁護士　平岡　将人　様

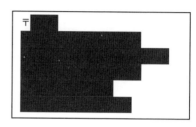

自動車損害賠償責任保険お支払不能のご通知

拝啓　平素は格別のご高配を賜り厚く御礼申し上げます。

　さて，先般ご請求をいただいておりました下記の件につきまして，調査いたしました結果，下記理由によりご請求に応じかねることになりました。

　なお，結果に対して，書面(「異議申立書」)をもって異議申立の手続きをお取りいただくこともできます。

　ご不明な点がございましたら，上記担当者までお問合わせ下さい。

敬具

記

証明書番号	
事　故　日	令和1年9月15日
被害者名	

【理由】
別紙をご参照ください。

以上

《ご照会番号　　　　　　　　》

【後遺障害等級認定票別紙（非該当）】

被害者：　███████様の件

＜結　論＞
自賠責保険（共済）における後遺障害には該当しないものと判断します。

＜理　由＞
　頚椎捻挫後の「頚部痛　天気が悪いと特に痛い」等の症状については，提出の頚部画像上，本件事故による骨折等の明らかな外傷性変化や神経の圧迫所見は認められず，また，後遺障害診断書からも，症状を裏付ける客観的な医学的所見に乏しく，その他治療状況等も勘案すれば，将来においても回復が困難と見込まれる障害とは捉えがたいことから，自賠責保険(共済）における後遺障害には該当しないものと判断します。

以　上

【異議申立書】

自動車損害賠償責任保険

後遺障害等級認定に対する異議申立書

令和2年8月1日

██████████████ 御中

〒 ████████████
████████████
████████████
TEL
FAX
弁護士法人サリュ　銀座事務所
弁護士　平　岡　将　人

　過日，貴社より通知のありました下記当事者の後遺障害の等級認定（資料1：
認定票）について，次のとおり異議申立をいたします。

被害者氏名　　　████　氏
事故年月日　　　令和1年9月15日
自賠責証明書番号　█████████

第1　異議申立ての趣旨
　　　被害者が本件事故により負った頚椎捻挫に伴う「頚部痛」の残存症状（資
　　料2：後遺障害診断書）は，自賠法施行令別表第二第14級9号に該当する。
第2　異議申立ての理由
　1　受傷態様
　　　本件事故は，被害者が自家用普通乗用車を運転して赤信号停車中，後続
　　の相手方車両に追突され，その衝撃で前方第三者車両に追突したものであ
　　る（資料3：交通事故証明書，資料4：実況見分調書）。
　　　その衝撃は，衝突箇所である被害者車両後方及び前方が大きく損傷し，
　　同車両のフレーム部分である右リヤメンバまで及んでいること（資料5：
　　車両写真報告書），同車両の修理費用が約１００万円と高額であること（資
　　料6：修理見積）からすると，相当に強度のものであった。
　　　このとおり，本件事故当時被害者の頚部に加わった衝撃は，被害者に上

記症状を生ぜしめ，残存させるに十分なものであった。

2　症状及び治療の推移

（1）事故直後の症状

　　被害者は，本件事故直後から頚部痛を自覚し，翌日早々に整形外科に通院して頚部痛を訴えた。症状は，当日頚椎カラーで固定を要する程度に強いものであった（資料7：事故当月の診療報酬明細書）。

（2）症状及び治療の推移

　　その後，被害者は一貫して頚部痛を訴えて治療を継続し，リハビリテーション，内服及び外用の消炎鎮痛薬処方を受けた（資料8：診療報酬明細一式）。

　　また，症状が軽快しない原因を把握するため，令和1年12月にはMRI撮影も行っている（資料9：診療報酬明細書）。

　　被害者は，症状固定までの約6か月半の間で整形外科へ50日通院して上記治療に努めたが，その甲斐なく令和2年4月2日に至り症状固定となった（資料2）。

（3）症状固定後の通院

　　なお，被害者は，症状固定となった後も3か月以上に亘り消炎鎮痛処置，内服薬処方による治療を自費で継続している（資料10：診療費明細書）。

3　他覚的所見

　　令和1年12月6日撮影の頚椎MRIでC4／5／6で椎間板膨隆による脊柱管狭窄が認められている（資料11：診断書）。

　　このことは，本件事故による外圧を契機として無症状であった被害者の頚部に神経症状が生じた可能性を強く示している。

4　結論

　　以上のとおり，①被害車両の損傷状況からすると本件事故の際に被害者の頚部に相当強度の衝撃が加わったこと，②事故直後から頚椎を固定したこと，③事故直後に発現した頚部の症状がその後一貫して継続したこと，④被害者が事故後症状固定までリハビリ及び投薬治療を半年間以上に亘り継続したこと，⑤被害者が症状固定後も自費でリハビリや投薬による治療を継続していること及び⑥MRI画像上頚部に変性所見が認められること等を総合的に考慮すると，被害者の頚部の症状は，自覚症状を裏付ける客観的な医学的所見に乏しいということはなく，将来においても回復が困難といわざるをえないことから，別表第2第14級9号に該当する。

　　したがって，本件被害者の後遺障害等級は，第14級9号である。

　　　　　　　　　　　　　　　　　　　　　　　　　　　　　　　　以上

【後遺障害等級認定票（14級9号）】

令和2年10月10日

〒104-0061
東京都中央区銀座5-1-15
第一御幸ビル7階
弁護士法人サリュ銀座事務所
弁護士　平岡　将人　様

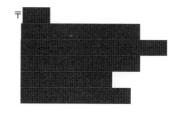

自動車損害賠償責任保険　後遺障害等級のご案内

拝啓　平素は格別のご高配を賜り厚く御礼申し上げます。
　本件の後遺障害等級につきましては以下のとおり認定いたしましたので，ご案内させていただきます。
　ご不明な点がございましたら，上記担当者までお問合わせ下さい。

敬具

<u>後遺障害等級認定票</u>

証明書番号	████████
事　故　日	令和1年9月15日
被　害　者　名	████████

後遺障害認定等級	政令等級別	別表第二	第14級　9号
	併合時の障害等級		
	加重時の既存障害等級		

認定理由につきましては別紙をご参照ください。
保険金額（75万円）でのお支払のため，内訳はございません。

なお，結果に対して書面（「異議申立書」）をもって異議申立のお手続きをお取りいただくこともできますので，上記担当者までご送付ください。

《ご照会番号　███████》

【後遺障害等級認定票別紙（14級9号）】

別　紙

被害者：　　　　　　様の件

＜結　論＞
自賠法施行令別表第二第14級9号に該当するものと判断します。

＜理　由＞
　頚部痛，天気が悪いと特に痛いとの症状については，自賠責保険（共済）における後遺障害には該当しないものと判断しています。
　今回，　　　　　　整形外科に対して実施した医療照会回答書や新たに提出された資料も含め，再度検討を行った結果，提出の画像上，本件事故による骨折，脱臼等の器質的損傷は認められず，その他診断書等からも症状の残存を裏付ける他覚的所見は認め難いことから，他覚的に神経系統の障害が証明されるものとしての評価は困難です。しかしながら，前記の資料からは，令和1年9月16日から令和2年4月2日までの間，　　　　　整形外科への通院が認められ，前記の医療照会回答書の記載と合わせ，受傷当初から症状の一貫性が認められます。その他受傷形態や治療状況も勘案すれば，頚部痛等の症状については，将来においても回復が困難と見込まれる障害と捉えられますので，「局部に神経症状を残すもの」として別表第二第14級9号に該当するものと判断します。

以　上

【損害額計算書】

■■ ■■ ■■ ■■ 様		損害額計算書	

事　故　日：R1.9.15　　　生 年 月 日：S53.■.■
症状固定日：R2.4.2　　　後遺障害等級：14級9号（資料1：認定票）
年　　　齢：42歳
傷　病　名：頚椎捻挫（資料2：後遺障害診断書）

No.	費　目	金　額	備　考
1	治療費	¥436,700	既払い
2	通院交通費	¥7,250	（資料3：通院交通費明細書） （1）駐車場：¥5,000 （2）通院ガソリン代：¥2,250 　往復3km×¥15×50日＝¥2,250
3	休業損害	¥230,640	（資料4：休業損害証明書） （1）事故前3か月間収入：¥1,134,000 （2）事故前3か月間稼働日数：59日 （3）休業日数：12日 （4）計算：¥1,134,000÷59日×12日＝¥230,640
4	通院慰謝料	¥943,333	赤本基準（別表Ⅱ） ・入院日数　　0日 ・通院期間　200日
5	後遺障害逸失利益	¥1,227,413	基礎収入×喪失率×喪失期間 ・基礎収入　¥5,670,000　（資料5：源泉票） ・喪　失　率　5％ ・喪失期間　5年　　　　4.3295
6	後遺障害慰謝料	¥1,100,000	赤本基準　　14級
7	諸雑費	¥2,190	被害者請求画像費用　¥1,650 　　　　　　　　　　　　（資料6：領収書） 被害者請求印鑑証明書　¥540 　　　　　　　　　　　　（資料7：領収書）
	小計	¥3,947,526	
8	過失相殺	0％ ¥3,947,526	追突
	既払い	¥1,186,700	
9	任意保険 自賠責保険	¥436,700 ¥750,000	
	請求額	¥2,760,826	

索　引

【編集代表略歴】

平岡　将人（ひらおか　まさと）

弁護士法人サリュ代表弁護士（2020年7月まで）。

中央大学法学部法律学科卒，第一東京弁護士会所属。

日弁連業務改革委員会弁護士補助職認定制度推進小委員会幹事。

自賠責保険の運用を変えた「同一部位判決」などを残し，法律事務所向けの交通事故事件の講師を多数務める。

【編著者略歴】

西村　学（にしむら　まなぶ）

弁護士法人サリュ3代目代表弁護士（2020年8月から）。

関西学院大学法学部卒業後，某大手食品会社に入社し，営業マンとして約2年を過ごした後，司法試験受験のため退社。

どん底の受験生活を経て2007年，旧司法試験に合格。大阪弁護士会所属。

同志社大学法科大学院非常勤講師。

都築　絢一（つづき　けんいち）

弁護士法人サリュ銀座事務所所長弁護士。

慶應義塾大学法学部卒業後，一般企業を経て立命館大学法科大学院に進学。

第一東京弁護士会所属。

精緻な理屈とユーモアを織り交ぜた法律相談には定評がある。

顧客・ファン獲得のプロフェッショナル。

上野　宏樹（うえの　ひろき）

弁護士法人サリュ　リーガルスタッフ。

株式会社LOLS　取締役。

現在までに法人内の自賠責保険対策委員会で各傷病の等級判断を研究。

外部では交通事故事件に関する法律事務所および整形外科向けの講演や研修を多数担当。

【著者略歴】

馬屋原　達矢（うまやはら　たつや）
弁護士法人サリュ萩事務所所長弁護士。
早稲田大学大学院法務研究科修了，2011年12月弁護士登録，2015年8月司法書士登録。
事故と精神疾患の相当因果関係の証明に注力している。

小杉　晴洋（こすぎ　はるひろ）
弁護士法人サリュ福岡事務所初代所長弁護士。
サリュ創業者谷清司，代表平岡将人の了解を得て，2020年8月に小杉法律事務所開設。
被害者側の損害賠償請求分野に特化。
死亡事故（刑事裁判の被害者参加含む）や後遺障害等級の獲得を得意とする。

西内　勇介（にしうち　ゆうすけ）
弁護士法人サリュ横浜事務所所長。
京都大学法科大学院修了。
神奈川県弁護士会被害者支援委員会所属。
大切な人生を諦めさせない，という信念を胸に日々活動している。

森　剛士（もり　つよし）
弁護士法人サリュ銀座事務所弁護士。
早稲田大学法学部を首席で卒業。お笑い芸人として活動後，弁護士を目指し2017年司法試験予備試験合格。2018年司法試験合格。2019年弁護士登録。
依頼者の利益実現に向けて，多彩な交通事故事件解決に取り組んでいる。

久津間　雄也（くつま　ゆうや）

弁護士法人サリュ　リーガルスタッフ。

早稲田大学法学部卒業，明治学院大学法科大学院卒業後，弁護士法人サリュ横浜事務所入所。

依頼者の不安を最大限取り除く紛争解決のサポートを心がけている。

交通事故の損害賠償に関して，整形外科での講演や法律事務所宛のセミナー講師を務める。

辻本　傑幸（つじもと　たかゆき）

弁護士法人サリュ　リーガルスタッフ。

大手金融機関，ロースクールを経て，2011年に弁護士法人サリュ大阪事務所入所。

数々の非該当認定に挑戦し，異議申立て・訴訟による等級獲得案件は数知れず。

狙った等級は逃さない。モットーは，昨日よりちょっとよい仕事をすること。

横山　健太（よこやま　けんた）

弁護士法人サリュ　リーガルスタッフ。

2005年発生のJR福知山線脱線事故の経験を経て，法人内外で保険や損害賠償法の勉強会や研修を多数実施するなど，損害賠償法に関して並々ならぬ熱意をもつ。

介護福祉事務所の参与も務め，幅広い実務経験をもつ。

鈴木　貴之（すずき　たかゆき）

弁護士法人サリュ　リーガルスタッフ。

青山学院大学法学部卒業，青山学院大学法科大学院卒業。

法人内では，後遺障害の研究・研修チームに所属するほか，採用担当も歴任。

肩の後遺障害を得意とするほか，訴訟案件では職人技を見せる。

山本　修久（やまもと　のぶひさ）

弁護士法人サリュ　リーガルスタッフ。

法律関係の仕事を10年以上経て，2017年弁護士法人サリュ横浜事務所入所。

交通事故，債務整理，登記関係の分野に強く，船井総研主催法律事務所プロスタッフアカデミー講師も務める。

星野　秀人（ほしの　ひでと）

弁護士法人サリュ　リーガルスタッフ。

慶應義塾大学法学部法律学科を卒業し，明治学院大学法科大学院を修了する。

都内大手法律事務所の後遺障害部門に所属し，年間200件以上の後遺障害等級認定にかかわる。

弁護士法人サリュにおいては，人事（教育関係）も担当し，リーガルスタッフの教育制度構築に携わっている。

適切な賠償額を勝ち取る

交通事故案件対応のベストプラクティス

2020年10月1日　第1版第1刷発行
2020年11月20日　第1版第2刷発行

編集代表　　平　岡　将　人
発 行 者　　山　本　　　継
発 行 所　　㈱中 央 経 済 社
発 売 元　　㈱中央経済グループ
　　　　　　パ ブ リ ッ シ ン グ

〒101-0051　東京都千代田区神田神保町1-31-2
電話 03（3293）3371（編集代表）
03（3293）3381（営業代表）
http://www.chuokeizai.co.jp/
印刷／東光整版印刷㈱
製本／誠　製　本　㈱

ⓒ 2020
Printed in Japan

過去の裁判例を基に，代表的な訴訟類型において
弁護士・企業の法務担当者が留意すべきポイントを解説！

企業訴訟
実務問題シリーズ

森・濱田松本法律事務所［編］

◆ **企業訴訟総論**
難波孝一・稲生隆浩・横田真一朗・金丸祐子

◆ **会社法訴訟** ──株主代表訴訟・株式価格決定
井上愛朗・渡辺邦広・河島勇太・小林雄介

◆ **証券訴訟** ──虚偽記載
藤原総一郎・矢田　悠・金丸由美・飯野悠介

◆ **消費者契約訴訟** ──約款関連
荒井正児・松田知丈・増田　慧

◆ **労働訴訟** ──解雇・残業代請求
荒井太一・安倍嘉一・小笠原匡隆・岡野　智

◆ **税務訴訟**
大石篤史・小島冬樹・飯島隆博

◆ **独禁法訴訟**
伊藤憲二・大野志保・市川雅士・渥美雅之・柿元將希

◆ **環境訴訟**
山崎良太・川端健太・長谷川　慧

◆ **インターネット訴訟**
上村哲史・山内洋嗣・上田雅大

◆ **システム開発訴訟**
飯田耕一郎・田中浩之

◆ **過重労働・ハラスメント訴訟**
荒井太一・安倍嘉一・森田茉莉子・岩澤祐輔

◆ **特許侵害訴訟**
飯塚卓也・岡田　淳・桑原秀明

中央経済社